初めてでも分かる・使える

株式交換・株式移転・株式交付の実務ハンドブック

税理士法人山田&パートナーズ［編著］

SHARE EXCHANGE SHARE TRANSFER
SHARE CONSIDERATION

中央経済社

改訂改題にあたって

　本書（『株式交換・株式移転の実務ハンドブック』）とその姉妹書にあたる『合併の実務ハンドブック』・『会社分割の実務ハンドブック』を平成25年に出版し，平成29年に改訂しました。それぞれの組織再編ごとに法務，会計，税務の実務ポイントを初めての方にもわかりやすく伝えることを心がけて執筆しました。

　その後も，外部企業を買収するM&Aがより一般的に行われるようになり，また企業内の事業再構築の観点や，事業承継の一環で組織再編の手法が今まで以上に検討・実行されています。組織再編に関する理解が，企業経営，企業実務を行うにあたって，より求められていると感じます。

　会社法の改正により「株式交付」制度が，令和3年3月1日より新たに施行されました。税務上も令和3年4月1日より，「株式交付」による譲渡対象会社の株主の課税関係として，譲渡損益課税を一定額繰延べる措置が施行されています。

　この「株式交付」は，株式会社が株式対価で，円滑に他の株式会社を子会社化できるよう創設された制度であり，これにより株式対価M&Aの手法が増え，より行いやすくなると考えられます。株式交換とは似て非なる制度ですので，本版において法務面，会計面，税務面それぞれについて，詳細に解説しています。

　その他，株式交換・株式移転についても，最近の実務上の留意点も踏まえ加筆修正を行っています。

　つきましては，上記の事情を勘案し，本版を従来の書名の第3版とするのではなく，書名を改めて刊行する次第です。

　株式交換・株式移転・株式交付の実務に携わる方々にとって，本書が少しでもお役に立てることを心より願っております。末筆ながら，本書の刊行にあたり，きめ細かい配慮とご尽力をいただきました中央経済社の秋山宗一様に，この場を借りて心より御礼申し上げます。

　令和3年7月

税理士法人　山田＆パートナーズ

執筆者一同

はじめに

　企業の経営において，合併，分割，株式交換といった組織再編の手法が身近な存在となってきているように感じます。多くの企業が抱える様々な経営課題について，その解消のための手段として組織再編の活用の場面が増えているからだと思います。会社法や税法の改正によって組織再編に関する法整備がされたことにより，活用がしやすくなっていることもその要因として挙げられます。

　例えば，以下のような場面においては組織再編の手法を活用できるケースがあります。

- ●経営の効率化を図るため，企業グループ内において事業を統廃合する
- ●経営の多角化を目的として新事業を買収する（M&A）
- ●オーナー企業における事業承継にあたって新オーナーに事業を移転する

　これらの経営課題は大企業のみが直面しているものではなく，中堅中小企業においても同様です。特に事業承継については，数えきれないほどの企業が悩みを抱えているのではないでしょうか。

　このような状況を背景に，組織再編という手法が企業の経営に携わる方々の中に広く認知されるようになったのだと思います。しかし，一般的になったからといって誰もが簡単に行える手続きというわけではありません。実行するにあたっては，様々な点に留意が必要です。例えば株式交換を行ったとしましょう。会社には，株主や債権者，そこで働く従業員など多くの関係者が存在します。株式交換によって他の会社の完全子会社になれば，それぞれの関係に大きな影響が生じ，何かしらの不利益を被ることも想定されます。そこで，会社法その他の法律においては，これらの関係者を保護するための取扱いが設けられています。また，株式交換は，完全親会社は完全子会社となる会社の株式を受け入れ，自社の株式を割り当てる際には，取得株式の対価の算定や，増加する払込資本の会計処理をどうするかという会計的な問題が生じます。税務上は，完全子会社は資産・負債の構成は株式交換の前後で何ら変わりませんが，税務

4

上の要件を充足しなければ一定の資産について時価評価に伴う課税が生じることから，事前の検討が必要になります。

　このように，組織再編を行えば多方面において気を配らなければならず，手続きに慣れた専門家でなければ思わぬトラブルが生じかねません。しかしながら，すべてを専門家に任せてしまうことは必ずしも良いこととは言えません。組織再編を行うにあたって最終的な意思決定を行うのは，依頼先の専門家ではなく当事者である会社です。組織再編の実行は時間的な制約を伴うケースも多く，これに機動的に対応するためには組織再編に携わる当事会社の経営陣や各担当者も全体像を把握しておくことが望ましいからです。また，グループ内の再編など関係当事者が少なくシンプルなケースであれば専門家に頼らずとも実行できるケースもあり，この場合，実行にあたっての最低限の知識を備えておく必要があります。

　本書は，タイトルにあるとおり株式交換及び株式移転について，法務手続き，会計処理，税務上の取扱いという，組織再編の実行にあたって必要な各分野の情報をまとめています。また，実務において使用できることを狙いとして作成しましたので，初めての方でも業務イメージを持っていただけるよう，具体的な手続きの流れや必要書類の記載方法等について，実務上の留意点を示しながら解説をしています。

　本書を株式交換・株式移転を行う際の手続きマニュアルとしてご活用いただき，実務に携わる皆様方のお役に立てることを心より願っております。

　最後になりましたが本書の作成にあたり大変ご尽力をいただきました中央経済社の津原氏に，この場を借りて心よりお礼申し上げます。

平成25年9月

税理士法人　山田＆パートナーズ
執筆者一同

目　　次

第3章　株式移転

第1節　株式移転の手続き／120

第4章　株式交付

凡　例

会社法整備法………………会社法の施行に伴う関係法律の整備等に関する法律

企業結合会計基準…………企業結合に関する会計基準

事業分離会計基準…………事業分離等に関する会計基準

企業結合適用指針…………企業結合会計基準及び事業分離等会計基準に関する
　　　　　　　　　　　　　適用指針

法人税施行令………………法人税法施行令

法人税施行規則……………法人税法施行規則

所得税施行令………………所得税法施行令

措置法………………………租税特別措置法

措置法施行令………………租税特別措置法施行令

第1章

株式交換・株式移転の概要

Q1-1 株式交換，株式移転とは
株式交換制度，株式移転制度について教えてください。

ポイント

- 株式交換とは，既存の株式会社の発行済株式のすべてを他の株式会社又は合同会社に取得させる会社法上の行為をいう。
- 株式移転とは，既存の株式会社の発行済株式の全部を新たに設立する株式会社に取得させる会社法上の行為をいう。
- 株式交換，株式移転どちらも，完全親子会社関係の構築を目的として行う再編行為である。

1. 株式交換制度

　　株式交換とは，株式会社がその発行済株式の全部を他の株式会社又は合同会社に取得させる行為をいいます（会社法2三十一）。

　既存の株式会社B社の株主bと他の株式会社（又は合同会社）A社との間で株式を交換することにより，A社を完全親会社，B社を完全子会社とする関係が構築されます。

　株式交換により完全親会社となる会社を株式交換完全親会社，完全子会社となる会社を株式交換完全子会社といいます。

【株式交換】

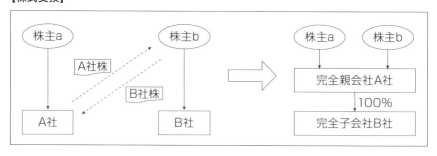

2．株式移転制度

　株式移転とは，1又は2以上の株式会社がその発行済株式の全部を新たに設立する株式会社に取得させる行為をいいます（会社法2三十二）。

　既存の株式会社A社の株主aが新たに設立する株式会社B社にA社株式を取得させることにより，B社を完全親会社，A社を完全子会社とする関係が構築されます。

　株式移転により完全親会社となる会社を株式移転設立完全親会社，完全子会社となる会社を株式移転完全子会社といいます。

【株式移転】

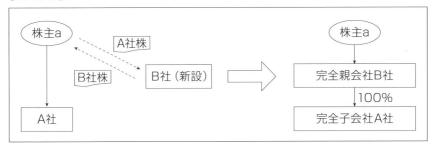

　このように，完全親子会社関係を構築する目的は株式交換と株式移転で変わりはありませんが，株式交換が既存の会社間で行う再編行為であるのに対し，株式移転は完全親会社となる会社を新たに設立する再編行為である点で異なります。

Q1 -2 | 株式交換，株式移転を行う際に制限される会社形態

株式交換，株式移転を行うにあたり，それぞれ制限される会社形態があると聞きました。その内容を教えてください。

ポイント

- ●株式会社及び合同会社は株式交換完全親会社になれるが，合名会社及び合資会社は株式交換完全親会社になれない。
- ●株式交換完全子会社になれるのは株式会社に限られる。
- ●株式移転設立完全親会社及び株式移転完全子会社になれるのは株式会社に限られる。

1．株式交換完全親会社（Q2−1〜2−15において「完全親会社」という）

　会社法上の会社形態は，株式会社，合名会社，合資会社，合同会社の4種類があります（会社法2一）。そのなかで完全親会社になれるのは，株式会社と合同会社であり，合名会社，合資会社は完全親会社になることはできません（会社法2三十一）。

　完全親会社になれる会社から，合名会社及び合資会社が除かれているのは，どちらの会社形態も株式会社の完全親会社になる実益がないと考えられているためです。

2．株式交換完全子会社（Q2−1〜2−15において「完全子会社」という）

　完全子会社になれるのは，株式会社に限られています。これは，株式交換がその完全子会社となる会社の発行済株式のすべてを完全親会社に取得させる行為であるためです。

そのため，株式を発行しない合名会社，合資会社及び合同会社は完全子会社にはなれません。

3．株式移転設立完全親会社（Q3-1〜3-14において「完全親会社」という），株式移転完全子会社（Q3-1〜3-14において「完全子会社」という）

完全親会社及び完全子会社になれるのは，株式会社に限られています（会社法2三十二）。

株式交換とは異なり，完全親会社となれる会社から合同会社が除かれています。これは下記の理由から，合同会社を完全親会社とする株式移転を認める必要性が乏しいと考えられているためです。

① 完全子会社となる会社の株式を保有する株主全員の合意により，その株式を合同会社に現物出資することで，株式移転を用いず合同会社を完全親会社とする完全親子会社関係の構築が可能なこと。

② 合同会社の場合，通常，現物出資をする際に必要な検査役の調査手続きが存在しないため，結果的に，株式移転により完全親子会社関係を構築した場合の手続きと差異が生じないこと。

4．特例有限会社の取扱い

特例有限会社とは，会社法施行前に有限会社法に基づき設立された会社（旧有限会社）のことをいい，会社法施行後も商号はそのまま有限会社という名称を使用しますが，株式会社の法規が適用されます。

特例有限会社については，株式交換・株式移転どちらの規定も適用がされません（会社法整備法38）。そのため，特例有限会社について株式交換・株式移転を適用したい場合には，各組織再編を行う前に特例有限会社を株式会社に組織変更する必要があります。

第 2 章

株式交換

第1節　株式交換の手続き

Q2 -1　株式交換の具体的な手続きとスケジュール

株式交換の具体的な手続きとそのスケジュールを教えてください。

ポイント

株式交換の手続きの概略は，次のとおりである。

①　取締役会の承認決議

②　株式交換契約の締結

③　事前開示書類の備置き

④　株主総会による承認決議

⑤　債権者保護手続き

⑥　株主の株式買取請求

⑦　新株予約権者の新株予約権買取請求

⑧　株券・新株予約権証券提出手続き

⑨　公正取引委員会への届出

⑩　金融商品取引法上の届出

⑪　登録株式質権者・登録新株予約権質権者への公告・通知

⑫　事後開示書類の備置き

⑬　登記

上記手続きは，同時並行で行うことも可能である。

株式交換のスケジュールは次のとおりです。

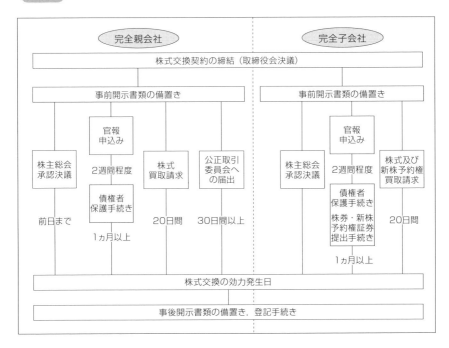

　株式交換の手続きは，同時並行で行うことも可能であるため，取締役会において株式交換契約の締結をしてから，最短で1ヵ月半程度で行うこともできます。

Q2 -2 株式交換契約書

株式交換契約書について教えてください。

(ポイント)

- 株式交換を行う場合には，完全親会社となる会社と完全子会社となる会社との間で株式交換契約書を締結する必要がある。
- 株式交換契約書には，必ず記載しなければならない事項が定められている。

 株式交換を行う場合には，完全親会社となる会社と完全子会社となる会社との間で株式交換契約書を締結する必要があります（会社法767）。

株式交換契約書には必ず記載しなければならない事項が定められています。当該事項が記載されていない場合には，行った株式交換が無効とされる原因になるため，注意が必要です。

株式交換契約書に必ず記載しなければならない事項は次のとおりです（会社法768①）。

● 完全親会社と完全子会社の商号及び住所
● 完全子会社の株主に対して交付する対価及びその割当て
　　① 対価が完全親会社の株式の場合，株式の数又はその算定方法並びに組み
　　　入れる資本金及び準備金の額
　　② 対価が完全親会社の社債の場合，社債の種類及び金額又はその算定方法
　　③ 対価が完全親会社の新株予約権の場合，新株予約権の内容及び数又はそ
　　　の算定方法
　　④ 対価が完全親会社の新株予約権付社債の場合，②と③の事項
　　⑤ 対価が上記①〜④以外の場合，財産の内容及び数もしくは金額又はその
　　　算定方法
　　　なお，完全子会社が種類株式発行会社であるときは，その割当てについて
　　株式の種類の異なるごとに定めることができます。
● 株式交換がその効力を生ずる日

　また，完全子会社の新株予約権に代えて完全親会社の新株予約権を交付する
場合には，次の事項を株式交換契約書に記載する必要があります。

　① 交付の対象となる完全子会社の新株予約権の内容
　② 交付する完全親会社の新株予約権の内容及び数又はその算定方法
　③ 交付の対象となる完全子会社の新株予約権が新株予約権付社債である場合
　　には，完全親会社が当該新株予約権付社債に係る債務を承継する旨並びにそ
　　の承継する社債の種類及び金額又はその算定方法
　④ 交付する完全親会社の新株予約権の割当てに関する事項

　一般的に，完全子会社の新株予約権を有する者がいる場合には，株式交換の
際にこの新株予約権に代えて，完全親会社の新株予約権を交付するのが望まし
いと考えられています。完全子会社の新株予約権を株式交換後も残したままに
した場合，その新株予約権が行使されたときは，完全子会社の株式を新株予約
権の行使者に発行することから，株式交換を行ったことにより構築した完全親
子会社関係が崩れてしまうためです。

Q2 -3 取締役会決議

取締役会の決議について教えてください。

(ポイント)

株式交換を行う場合，取締役会の承認が必要となる。

 株式交換は，会社の重要な業務執行の決定であるため，取締役会設置会社においては取締役会の承認を受ける必要があります（会社法362④）。取締役会の決議は，原則として，議決に加わることができる取締役の過半数が出席し，その過半数をもって行われます（会社法369①）。

取締役会設置会社以外の会社においても，原則として，取締役の過半数をもって決定されます（会社法348②）。

また，株式交換は株主総会の承認決議が必要（簡易株式交換や略式株式交換に該当する場合を除く）であるため，実務上，取締役会において株主総会の招集決議をあわせて行います（会社法298④）。

取締役会の議事録の記載例は次頁のとおりです。

株主総会に出席しない株主が，書面によって議決権を行使することができることとするときは，株主総会の招集通知に議決権の行使について参考となるべき下記の事項を記載した書類をあわせて交付します（会社法301，会社法施行規則88）。

① 株式交換を行う理由

② 株式交換契約の内容

③ 事前開示書類で該当するもの

取締役会議事録

1. 日時　令和○○年○○月○○日　午前○○時○○分から午前○○時○○分
2. 場所　当会社本店会議室
3. 議長　代表取締役　　○○○○
4. 取締役総数　　○名
5. 出席取締役数　○名
6. 議事の経過の要領及びその結果
　議長は開会を宣し，上記のとおり本取締役会のすべての議案の決議に必要となる法令及び定款に定める要件を充たしている旨を述べた。

第1号議案　株式交換契約締結の件
　議長は，別紙株式交換契約書の内容に基づき当会社を株式交換完全親会社，株式会社○○（本店：○○県○○市○○番地）を株式交換完全子会社とする株式交換契約を締結したい旨を述べ，その目的，趣旨等を説明した。また，本契約の締結が当会社と代表取締役○○○○との間における利益相反取引に該当することとなるため，会社法第365条第1項により読み替える会社法第356条第1項に基づく取締役会における承認が必要となる旨を述べた。
　議長がその賛否を議場に諮ったところ，満場一致をもってこれに賛成した。
　よって議長は，本議案は原案のとおり可決されたので，令和○○年○○月○○日開催予定の臨時株主総会における議案として上程する旨を宣した。
　なお，代表取締役○○○○は，会社法第369条第2項の規定により特別利害関係人に該当するため，本決議に参加していない。
第2号議案　臨時株主総会招集決定，付議議案の承認の件
　議長は，臨時株主総会を次の要領で開催したい旨を述べたのち，その賛否を諮ったところ，満場一致をもってこれに賛成した。
　よって議長は，下記のとおり可決された旨を宣した。

記

1. 開催日時　令和○○年○○月○○日　午前○○時○○分
1. 開催場所　当会社本店会議室（○○県○○市○○番地）
1. 会議の目的　株式交換契約締結の件

以上

　以上をもって，本取締役会におけるすべての議案の審議を終了したので，議長は閉会を宣した。
　以上の決議を明確にするため，本議事録を作成し，議長及び出席取締役全員が次に記名押印する。

　令和○○年○○月○○日

○○株式会社　取締役会
議長　代表取締役　○○○○
出席取締役　○○○○
出席取締役　○○○○

Q2 -4 　事前開示書面

事前開示書面について教えてください。

(ポイント)

　　完全親会社及び完全子会社は，一定の期間，株式交換契約書や当事会社の計算書類などの書類を本店に備え置く必要がある。

 　　株式交換は，会社組織の変更であるため，当事会社の株主や債権者に重要な影響を与えることになります。

　そのため，株式交換の手続きにおいて，株主には株主総会での議決権，株式・新株予約権の買取請求，債権者には債権者の異議申述権などの権利が認められています。当事会社は，株主と債権者が株式交換の適否を適切に判断できるよう，必要な書類を事前に開示する必要があります。

　事前に開示する主な書類は以下のとおりです（会社法782①，794①，会社法施行規則184，193）。

＜完全子会社の事前開示書類＞

● 株式交換契約書

● 次の事項を記載又は記録した書面

　① 　交換対価の相当性に関する事項

　② 　交換対価について参考となるべき事項

　③ 　株式交換に係る新株予約権の定めの相当性に関する事項

　④ 　計算書類等に関する事項

　⑤ 　株式交換について異議を述べることができる債権者がいる場合には，株式交換の効力発生日以後における完全親会社へ承継された当該債権者に対する債務の履行の見込みに関する事項

　⑥ 　事前開示書類等の備置開始日から株式交換の効力発生日までに，①～⑤の事項に変更が生じたときは，変更後の当該事項

＜完全親会社の事前開示書類＞

● 株式交換契約書

● 次の事項を記載又は記録した書面

① 株式交換の対価の相当性に関する事項

② 株式交換により交付する新株予約権の相当性に関する事項

③ 完全子会社の重要な後発事象等の内容及び計算書類等に関する事項

④ 完全親会社の重要な後発事象等の内容及び計算書類等に関する事項

⑤ 株式交換について異議を述べることができる債権者がいる場合には，株式交換の効力発生日以後における完全親会社の当該債権者に対する債務の履行の見込みに関する事項

⑥ 事前開示書類等の備置開始日から株式交換の効力発生日までに，①～⑤の事項に変更が生じたときは，変更後の当該事項

　上記書面の開示期間は，次に掲げる日の一番早い日から，株式交換の効力発生日以後6ヵ月を経過する日までとなります（会社法782②，794②）。

＜完全子会社の場合＞

① 株式交換の承認に係る株主総会日の2週間前の日

② 株主に株式交換を行う旨等を通知した日又は公告した日のいずれか早い日

③ 新株予約権者に株式交換を行う旨等を通知した日又は公告した日のいずれか早い日

④ 債権者に対する個別の催告又は公告の日のいずれか早い日

⑤ ①～④の手続きが不要な場合には，株式交換契約締結の日から2週間を経過した日

＜完全親会社の場合＞

上記＜完全子会社の場合＞に記載されている①，②又は④

Q2 -5 株主総会決議

株主総会の決議について教えてください。

(ポイント)

　株式交換をする場合には，株主総会において株式交換契約の承認を受ける必要がある。

A 　株式交換を行う場合には，株式交換の効力発生日の前日までに，株主総会の特別決議をもって株式交換契約締結の承認を受ける必要があります（会社法783，795）。

　株主総会の特別決議とは，議決権総数の過半数を有する株主が出席し，出席した株主の議決権の3分の2以上の賛成をもって承認される決議をいいます（会社法309②）。

　ただし，略式株式交換及び簡易株式交換については，株主総会の決議が不要となっています。略式株式交換・簡易株式交換については，**Q2−15**をご参照ください。

　臨時株主総会の議事録の記載例は次のとおりです。

臨時株主総会議事録

1．日時　令和○○年○○月○○日　午前○○時○○分から午前○○時○○分
2．場所　当会社本店会議室
3．出席者　発行済株式総数　　　　　　　　　　　　○○株
　　　　　　この議決権を有する総株主数　　　　　　○名
　　　　　　この議決権の数　　　　　　　　　　　　○○個
　　　　　　本日出席株主数（委任状出席を含む）　　○名
　　　　　　この議決権の個数　　　　　　　　　　　○○個
4．議長　代表取締役　○○　○○
5．出席役員　代表取締役　○○○○
　　　　　　　　取締役　○○○○
　　　　　　　　取締役　○○○○
6．議事録作成者　代表取締役　○○○○
7．会議の目的事項並びに議事の経過の要領及びその結果
　議長は開会を宣し，上記のとおり定足数にたる株主の出席があったので，本総会は適法に成立した旨を述べ，議案の審議に入った。

第1号議案　株式交換契約締結の件
　議長は，別紙株式交換契約書の内容に基づき当会社を株式交換完全親会社，株式会社○○（本店：○○県○○市○○番地）を株式交換完全子会社とする株式交換契約を締結したい旨を述べ，その目的，趣旨等を説明した。
　議長がその賛否を議場に諮ったところ，満場一致をもってこれに賛成した。
　よって議長は，第1号議案は原案のとおり可決された旨を宣した。

　以上をもって，本臨時株主総会におけるすべての議案の審議を終了したので，議長は閉会を宣した。
　以上の決議を明確にするため，本議事録を作成し，議場兼議事録作成者が次に記名押印する。

　令和○○年○○月○○日

　　　　　　　　　　　　　　　○○株式会社　臨時株主総会
　　　　　　　　　　　　　　　議長　代表取締役　○○○○

Q2 -6 債権者保護手続き
株式交換の債権者保護手続きについて教えてください。

(ポイント)

●債権者保護手続きの対象となる債権者

　完全親会社及び完全子会社の債権者のうち一定の者については，株式交換に対する異議申出を行うことが認められている。

●具体的な手続き

　債権者保護手続きの対象となる債権者がいる場合には，公告及び知れている債権者への個別催告を行う必要がある。

●異議申出があった場合の会社の対応

　債権者が異議を述べた場合，会社は原則として債権者に弁済等をする必要がある。

A ### 1．債権者保護手続きの対象となる債権者

　株式交換において，債権者保護手続きの対象となる債権者は，次のとおり完全子会社と完全親会社で異なります。

(1)　完全子会社

　完全親会社が完全子会社の新株予約権付社債を承継する場合，完全子会社の新株予約権付社債を有する者は，株式交換について異議を述べることができます（会社法789①三）。

　株式交換により新株予約権付社債の債務者が完全子会社から完全親会社に変更されてしまうことから，新株予約権付社債を有する者に限り債権者保護手続きの対象としています。

(2)　完全親会社

　株式交換の対価が，完全親会社の株式（これに準ずるものを含む。以下同

じ）以外である場合又は完全親会社が完全子会社の新株予約権付社債を承継する場合には，完全親会社の債権者は，株式交換について異議を述べることができます（会社法799①三）。

　株式交換の対価が完全親会社の株式以外である場合には，対価が不相当であることによる不当な財産流出が生ずるおそれがあり，また，完全子会社の新株予約権付社債を承継する場合には，完全親会社が新たに債務を負うことにより，債権者は重大な影響を受けることから，完全親会社の債権者すべてを債権者保護手続きの対象としています。

２．具体的な手続き

　債権者保護手続きの対象となる債権者がいる場合には，完全親会社・完全子会社ともに，次に掲げる事項を官報に公告し，かつ，知れている債権者には，個別に催告をする必要があります（会社法789②，799②）。

---

① 株式交換を行う旨
② 完全子会社の商号及び住所（完全親会社の場合）
③ 完全親会社の商号及び住所（完全子会社の場合）
④ 完全親会社及び完全子会社の計算書類等
⑤ 債権者が一定の期間内に異議を述べることができる旨

　なお，⑤の期間は，１ヵ月以上の期間を取らなければならないこととされているため，公告及び個別催告は株式交換の効力発生日の前日から１ヵ月以上前に行う必要があります。

　また，会社の公告方法として官報公告以外の方法（電子公告又は日刊新聞紙による公告）を定款で定めている場合には，当該定款で定めている公告方法を官報公告とあわせて行うことにより，個別催告を省略することができます（会社法789③，799③）。

20

【官報公告の記載例】

株式交換公告

当社（甲）は株式交換により，○○株式会社（乙，住所○○県○○市○○町○○番地）の発行済株式の全部を取得することにいたしましたので公告します。

効力発生日は令和○○年○○月○○日であり，甲及び乙の株主総会の承認決議は令和○○年○○月○○日に終了しております。

この株式交換に異議のある債権者は，本公告掲載の翌日から一箇月以内にお申し出ください。

なお，最終貸借対照表の開示状況は次のとおりです。

（甲）掲載紙　官報
　　　掲載の日付　令和○○年○○月○○日
　　　掲載頁　○○頁（号外第○○号）
（乙）掲載紙　○○新聞
　　　掲載の日付　令和○○年○○月○○日
　　　掲載頁　○○頁

令和○○年○○月○○日

東京都○○区○○町○○番地
　　　（甲）○○○○株式会社
　　　　　　代表取締役　○○○○

○○県○○市○○町○○番地
　　　（乙）○○株式会社
　　　　　　代表取締役　○○○○

3．異議申出があった場合の会社の対応

　債権者が異議を述べた場合，会社は原則として次のいずれかの措置をとる必要があります（会社法789⑤，799⑤）。

① その債権者に弁済する。
② その債権者に相当の担保を供する。
③ その債権者に弁済を受けさせることを目的として信託会社等に相当の財産を信託する。

　ただし，すでに十分な担保を提供しているような場合など，株式交換の実行により債権者を害するおそれがないときは，上記措置は不要です。
　債権者保護手続きは，株式交換の効力発生日の前日までに終了している必要があります。

Q2 -7 | 株式買取請求制度

株主の株式買取請求制度について教えてください。

ポイント

- ●株式買取請求制度の概要

  株式交換に反対する株主は，所定の期間内に，当事会社に対し株式買取請求を行うことができる。

- ●株式買取請求を行うことができる株主

  イ　完全親会社及び完全子会社のすべての株主。

  ロ　イの例外として，株式交換が簡易株式交換に該当する場合，完全親会社の株主は株式買取請求を行うことができない。

- ●株主への通知

  イ　株式買取請求の対象となる株主がいる場合，当事会社は所定の日までに株式交換に関する一定の事項を株主に通知する必要がある。

  ロ　イの例外として，当事会社が公開会社である等一定の場合には，公告を行うことにより株主への個別通知を省略することができる。

- ●株式の買取価格

  イ　会社は「公正な価格」で株式を買い取ることになる。

  ロ　効力発生日から30日以内に協議が調わなかった場合には，その後30日以内に裁判所へ株式買取価格決定の申立てをすることができる。

A | 1．株式買取請求制度の概要

　　株式交換を行う場合，当該株式交換に反対する株主については，当事会社に対し自己が所有している株式を買い取るよう請求することができます（会社法785①，797①）。これは，株主にとっても影響の大きい株式交換という再編行為について，反対する株主への投資回収の機会を与えることにより，株主保護を行うことを目的としています。

　なお，この株式買取請求権の行使期間は，「効力発生日の20日前から効力発

生日の前日」に限定されています（会社法785⑤，797⑤）。

　Ｑ２－６で述べたように，債権者保護手続きは１ヵ月以上の期間をとること
が要求されていますので，株式交換の手続きを進める上で，株式買取請求期間
がスケジュール上のネックになることは少ないです。

【株式買取請求期間と債権者保護手続期間】

２．対象となる株主の範囲

(1)　原　則

　株式買取請求を行うことができる反対株主は，次のとおりです（会社法785②，
797②）。

　①　株式交換をするために株主総会の決議を要する場合

　　●株主総会に先立って株式交換に反対する旨を当事会社に通知し，かつ，
　　　当該株主総会において当該株式交換に反対した株主

　　●当該株主総会において議決権を行使することができない株主

　②　①以外の場合

　　●すべての株主（特別支配会社である株式交換完全親会社を除く）

　　※　特別支配会社とは，ある株式会社の総株主の議決権の90％以上（これを上
　　　回る割合を定款で定めた場合には，その割合）を他の会社及び当該他の会社
　　　が発行済株式の全部を有する会社が有している場合における当該他の会社を

いいます。

(2) 例　外

　完全子会社が種類株式発行会社でない場合において，完全子会社の株主に対して交付する金銭等の全部又は一部が持分等（持分会社の持分その他これに準ずるもの）であるときは，株式交換契約の承認について完全子会社の総株主の同意を得ることが必要とされています。この場合，当該株式交換に反対をする者は，株主総会において反対をすれば株式交換契約の承認がなされないことから，株式買取請求の規定の適用はありません（会社法785①一，783②）。

3．会社から株主への通知

　株式買取請求の対象となる株主がいる場合には，会社は株式交換の効力発生日の20日前までに，その株主に対し，次の事項を通知する必要があります（会社法785③，797③）。

---

　①　株式交換をする旨
　②　完全親会社の商号及び住所（完全子会社の場合）
　③　完全子会社の商号及び住所（完全親会社の場合）

　「20日前までに通知」するという点については，単に会社から発送するだけでなく「20日前までに株主へ到達している」必要がありますので，余裕を持ったスケジュールで株主へ通知を行う必要があります。

　なお，通知の方法は会社法上特に規定されていませんので，書面のみならず口頭での通知でも可能です。ただし，後日問題とならないよう，書面で通知を行うことが一般的です。

4．株式の買取価格
(1) 公正な価格

　株式買取請求が行われた場合，会社は「公正な価格」で株式を買い取ることとなります（会社法785①，797①）。この「公正な価格」については，会社法上

明確な規定がないため，実務上は会社と株主との間で価格決定の協議をする必要があります。

(2) 協議が調った場合

株式交換の決定について協議が調った場合には，当事会社は，株式交換の効力発生日から60日以内に株式買取代金を株主に支払うこととなります（会社法786①，798①）。

(3) 協議が調わない場合

株式交換の効力発生日から30日以内に当事会社と株主との間における株式価格の決定について協議が調わない場合には，当事会社及び株主はその後30日以内に，裁判所へ株式買取価格決定の申立てをすることが認められています（会社法786②，798②）。

Q2 -8 | 新株予約権の買取請求制度
新株予約権の買取請求制度について教えてください。

ポイント

● 完全子会社の新株予約権者のうち一定の者については，新株予約権の買取請求が認められる。

● 完全親会社の新株予約権者には，新株予約権の買取請求は認められていない。

A 1．完全子会社の新株予約権者

完全子会社の新株予約権者のうち次に掲げる者については，自己が所有する新株予約権を完全子会社に買い取るよう請求することができます（会社法787①三）。

> ① 株式交換に伴い完全親会社の新株予約権の交付を受ける者のうち，交付を受ける新株予約権の内容が当初の条件と合致しない者
> ② 「株式交換を行う場合には完全親会社の新株予約権の交付を受ける」旨の定めがある新株予約権者で，完全親会社の新株予約権の交付を受けない者
> ③ 「株式交換を行う場合には完全親会社の新株予約権の交付を受ける」旨の定めがない新株予約権者で，完全親会社の新株予約権の交付を受ける者

①の新株予約権者については自身が所有する新株予約権の内容に変動が生じること，②と③の新株予約権者については，交付に関する定めがあるにもかかわらず当該定めに則った取扱いがなされないことにより，それぞれ不利益の生じるおそれがあることから，買取請求が認められています。

2．完全親会社の新株予約権者

完全親会社の新株予約権者については，自身が所有する新株予約権の権利について変動は生じないことから，新株予約権の買取請求は認められていません。

3．買取請求の方法

　完全子会社は，買取請求の対象となる新株予約権者に，効力発生日の20日前までに，次の事項を通知する必要があります（会社法787③）。なお，当該通知は，公告に代えることができます（会社法787④）。

---

　①　株式交換をする旨
　②　完全親会社の商号及び住所

　新株予約権者のうち，買取請求を希望する者については，株式交換の効力発生日の20日前から効力発生日前日までの間に，完全子会社に対し，買取請求を行う必要があります（会社法787⑤）。

Q2 -9 | 株券・新株予約権証券提出手続き

株券・新株予約権証券提出手続きについて教えてください。

(ポイント)

　完全子会社が株券発行会社又は新株予約権証券の発行会社である場合には，株式交換の効力発生日までに完全子会社が発行する株式に係る株券又は新株予約権証券を提出しなければならない旨を公告し，各別にこれを通知しなければならない。

A | 1．公告・通知義務

　株券発行会社又は新株予約権証券の発行会社が完全子会社となる株式交換を行う場合には，株式交換の効力発生日の1ヵ月以上前までに，株券又は新株予約権証券（新株予約権が新株予約権付社債に付されたものである場合には，新株予約権付社債券となります。以下同様。）を提出すべき旨を公告し，株主及び登録株式質権者，又は，新株予約権者及び登録新株予約権質権者に対して，個別の通知をする必要があります（会社法219①七，293①六）。

　ただし，株券発行会社が株式の全部について，現実に株券を発行していないときは，公告・通知の手続きを行う必要はありません。現実に株券を発行していないときとは，全ての株主がその有する株式の全部について株券不所持の申出を行っているときなどが該当します。

2．提出がない場合の取り扱い

　株券・新株予約権証券提出手続きの対象となった株券又は新株予約権証券は，提出の有無にかかわらず，株式交換の効力発生日に無効となります（会社法219③，293③）。

　完全子会社が発行した株券又は新株予約権証券は，株式交換の実行に伴いその全部が完全親会社に帰属又は完全親会社の新株予約権の交付を受けることになり，従来発行していた株券又は新株予約権証券を残存させておく意義がないことから，無効とする取り扱いが設けられています。

Q2 -10 組織再編の差止請求制度

組織再編の差止請求制度について教えてください。

(ポイント)

　株式交換により不利益を受けるおそれがある完全親会社及び完全子会社の株主は，それぞれの発行会社に対し，組織再編の差止請求を行うことができる。

 組織再編の当事会社である完全親会社及び完全子会社の株主が不利益を受けるような問題のある株式交換が行われる場合には，各当事会社の株主は発行会社に対して，組織再編の差止請求を行うことができます（会社法784の2，796の2）。

【差止請求を行えるケース】

①　実行する株式交換が法令又は定款に違反する場合

②　完全子会社の株主に対して交付する対価又はその割当てが，完全親会社又は完全子会社の財産の状況その他の事情に照らして著しく不当である場合

　なお，①の法令違反には，取締役の忠実義務違反や対価の不相当性は含まれないと解されています。

Q2 -11 | 公正取引委員会への届出
公正取引委員会への届出について教えてください。

(ポイント)

　株式交換により，完全親会社となる会社と完全子会社となる会社が一定規模以上である場合には，公正取引委員会に対し事前に届出が必要となる。

A　株式交換により，当事会社が経営を統合することで市場を独占し，企業間の競争を妨げるような事態を避けるため，一定規模以上の会社が行う株式交換については，公正取引委員会に対し事前に届出が必要となります。

　届出が必要となる場合は，次の**要件1**に該当する完全親会社となる会社が，下記の**要件2**に該当する完全子会社となる会社の株式を取得する株式交換で，**要件3**に該当する場合です。

要件1

　完全親会社となる会社及び当該会社の属する企業結合集団（当該会社の子会社，最終親会社及び最終親会社の子会社をいう。以下同じ）に属する当該会社以外の会社等の国内売上高の合計額が200億円を超える場合

要件2

　完全子会社となる会社及び当該会社の子会社の国内売上高の合計額が50億円を超える場合

要件3

　完全親会社となる会社及び当該会社の属する企業結合集団に属する当該会社以外の会社が保有する完全子会社となる会社の株式に係る議決権の数の合計割合が新たに20％又は50％を超えることとなる場合

Q2 -12 　金融商品取引法上の届出

金融商品取引法上の届出について教えてください。

ポイント

　　金融商品取引法の適用を受ける会社は，株式交換を行うにあたり臨時報告書や有価証券届出書を提出しなければならない場合がある。

A 　**1．臨時報告書**

　　有価証券報告書を提出する会社について，次のいずれかの条件に該当する株式交換が行われることが，当該会社の業務執行を決定する機関により決定された場合には，遅滞なく臨時報告書を提出しなければなりません（金融商品取引法24の5④）。

---

① 　完全子会社となる会社の最近事業年度の末日における資産の額が完全親会社となる会社の最近事業年度の末日における純資産額の10％以上に相当する場合

② 　完全子会社となる会社の最近事業年度の売上高が完全親会社となる会社の最近事業年度の売上高の3％以上に相当する場合

2．有価証券届出書，有価証券通知書

　　完全子会社の株主に対し完全親会社の株式が交付される株式交換で，一定の要件を満たす場合には，完全親会社は有価証券届出書又は有価証券通知書の提出をする必要があります。

Q2 -13 | 事後開示書面
事後開示書面について教えてください。

(ポイント)

　　完全親会社及び完全子会社は，株式交換の効力発生日から６ヵ月間，一定の書面等を本店に備え置く必要がある。

　　完全親会社及び完全子会社は，株式交換の効力発生日から６ヵ月間，次の書面等を共同して作成し，本店に備え置かなければなりません（会社法791①②，801③三，会社法施行規則190）。

- ●完全親会社が取得した完全子会社の株式数
- ●株式交換の効力が生じた日
- ●差止請求，株式買取請求，新株予約権買取請求，債権者保護手続きの経過に関する事項
- ●その他当該株式交換に関する重要な事項

Q2-14 株式交換に係る登記

株式交換に係る登記について教えてください。

(ポイント)

- 株式交換を行った当事会社で，一定の場合には登記手続きが必要になる。
- 登記申請の際には，株式交換契約書の他にいくつか添付書類がある。
- 登記の際には，登録免許税が課される。

A

1．登記手続き

　完全親会社は，株式交換により発行済株式数や資本金等の額等が変更となる場合には，効力発生日から2週間以内に，本店所在地において登記申請を行う必要があります（会社法915①）。

　完全子会社は，株式交換により株主が変更となるのみにとどまり，通常，登記手続きは生じません。ただし，完全子会社の新株予約権に対し完全親会社の新株予約権が対価として交付された場合には，新株予約権の消滅による登記が必要となります。

2．登記申請書類の添付書類

　登記申請書類に添付が必要となる主な書面は，次のとおりです。

(1) 株式交換完全親会社に関する書面

- 株式交換契約承認に関する書面
- 株主総会の特別決議を要しない場合には，これを証する書面
- 株式交換契約書
- 債権者保護手続きに関する書面
- 資本金の額の計上に関する書面

⑵　**株式交換完全子会社に関する書面**

- 登記事項証明書
- 株式交換契約承認に関する書面
- 債権者保護手続きに関する書面
- 株券提供公告等に関する書面
- 新株予約権証券提出公告等に関する書面
- 委任状（代理人による申請の場合）

　なお，完全子会社の本店所在地を管轄する登記所が完全親会社と異なる場合には，完全親会社の本店所在地を管轄する登記所を経由して登記申請を行う必要があります（商業登記法91）。

- 代表取締役等の印鑑証明書
- 委任状（代理人による申請の場合）

3．登録免許税

　株式交換を行った際の登記については，登録免許税が課されます。

　詳細については，**Q2−40**をご参照ください。

Q2
-15 略式株式交換，簡易株式交換

略式株式交換，簡易株式交換について教えてください。

(ポイント)

株式交換を行う場合には，完全親会社，完全子会社それぞれにおいて株主総会の承認が必要であるが，略式株式交換又は簡易株式交換に該当する場合には，株主総会の承認を省略することができる。

A 株式交換を行う場合，原則として完全親会社，完全子会社それぞれにおいて株主総会の承認が必要となります。ただし，当該株式交換が略式株式交換又は簡易株式交換に該当する場合には，株主総会の承認を省略することができます。

1．略式株式交換

次の要件を満たす場合には，仮に株主総会を開催しても承認されることが確実であることから，完全子会社の株主総会の承認は不要となります（会社法784①，796①）。

完全親会社と完全子会社の資本関係が90％以上の場合

2．簡易株式交換

次の要件を満たす場合には，株式交換による株主への影響は軽微であることから，完全親会社の株主総会の承認は必要ないことになります（会社法796②）。

完全親会社が完全子会社の株主へ交付する対価の額が完全親会社の純資産価額の5分の1を超えない場合

３．略式株式交換，簡易株式交換が認められない場合

　上述した要件を満たす場合であっても，それぞれ次のいずれかに該当するときは，株主総会の承認を省略することができません。

(1)　略式株式交換

　公開会社でない完全親会社が株式交換の対価として，自社の譲渡制限株式を交付する場合（会社法784①但書，796①但書）

(2)　簡易株式交換

①　公開会社でない完全親会社が株式交換の対価として，自社の譲渡制限株式を交付する場合（会社法796①但書）

②　簡易株式交換に際し，一定数以上の株主から当該株式交換に反対する旨の通知を受けた場合（会社法796③）

第2節　株式交換の会計

Q2-16 株式交換における個別財務諸表上の会計処理の概要

株式交換を行う際，各当事者において必要となる，個別財務諸表上の会計処理の概要を教えてください。

ポイント

● 株式交換は「株式交換完全親会社」と「株式交換完全子会社の株主」との間の行為である。

● 「株式交換完全親会社」においては，取得する株式交換完全子会社株式の取得に伴い株式の取得価額の計算が必要となる。また，株式交換完全子会社の株主に株式等の割当てが行われるため，増加する払込資本の金額の計算が必要となる。

● 「株式交換完全子会社の株主」においては，株式交換完全子会社の株式の譲渡損益の計算が必要となることがある。また，見返りに取得する株式交換完全親会社株式等の取得価額の計算が必要となる。

● 株式交換完全子会社においては，①自己株式を保有している場合，②税制非適格の株式交換となる場合において会計処理が必要となる。

● 株式交換完全親会社の株主においては，持分比率が低下するため，保有株式の表示区分の変更が必要となることがある。

1．株式交換の概要

株式交換とは，株式会社がその発行済株式の全部を他の株式会社又は合同会社に取得させることをいいます（会社法2三十一）。

発行済株式の全部を取得する会社（以下，「株式交換完全親会社」という）をP社，発行済株式の全部を取得される会社（以下，「株式交換完全子会社」

という）をS社とする場合，株式交換は次図のようにP社がS社の株主からS社株式を受け入れ，見返りにP社株式を割り当てる行為をいいます。この行為により，P社はS社を100%子会社とすることができます。

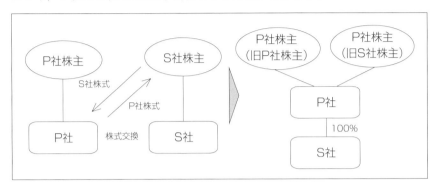

2．株式交換完全親会社（P社）の会計処理の概要

　P社はS社株主からS社株式を受け入れるため，当該株式の取得価額をどのように決めるかがポイントとなります。株式交換完全子会社（S社）株式の取得価額の算定方法については，**Q2－17**をご参照ください。

　またあわせて，P社はS社株主にP社株式等の割当てを行います。新株発行によりP社株式を割り当てた場合には，P社の払込資本が増加するため，増加させる払込資本の金額及び内訳がポイントとなります。株式交換完全親会社（P社）の払込資本の増加額及び内訳については，**Q2－19**をご参照ください。

3．株式交換完全子会社の株主（S社株主）の会計処理の概要

　S社株主は所有していたS社株式とP社株式を交換するため，交換時に損益を認識するかがポイントとなります。株式交換完全子会社の株主（S社株主）において，交換損益を認識するか否かの判断基準については**Q2－23**をご参照ください。

4．株式交換完全子会社（S社）の会計処理の概要

　S社においては，株主の変動が生じるにすぎず，株式交換前後でS社の資

産・負債に何ら変化は生じないため，原則として株式交換時に会計処理が行われることはありません。

　ただし，株式交換の効力発生日の前日にＳ社が自己株式を保有している場合，株式交換時にＰ社株式（親会社株式）に振替えが必要となります。振替えに係る具体的な処理については**Ｑ２−22**をご参照ください。

　また，株式交換が税制非適格の株式交換に該当する場合，株式交換完全子会社が保有する一定の資産について，税務上時価評価されます（税務における時価評価の詳細については**Ｑ２−35**を参照）。しかし，税務上時価評価される場合であっても，会計上時価評価は行いません。そのため，税制非適格の株式交換に該当し，時価評価が行われる場合には，一時差異（会計と税務の帳簿価額の差異）が生じるため，税効果会計の適用により繰延税金資産・負債の計上が必要となることがあります。

5．株式交換完全親会社の株主（Ｐ社株主）の会計処理の概要

　株式交換完全親会社の株主においては，持分比率が低下するため，保有株式の表示区分（子会社株式，関連会社株式，投資有価証券）の変更が必要となることがあります。

Q2 -17　株式交換完全親会社が取得する株式交換完全子会社株式の取得価額の算定方法

株式交換を行った際，株式交換完全親会社が取得する株式交換完全子会社株式の取得価額の算定方法を教えてください。

（ポイント）

- ●株式交換完全親会社が取得する株式交換完全子会社の株式の取得価額は，取得の対価となる財の時価に，付随費用を加算して算定するのが原則である。
- ●株式交換完全親会社が，株式交換日の前日に株式交換完全子会社の株式を保有していた場合，株式交換日の前日の適正な帳簿価額により子会社株式に振り替える。
- ●逆取得に該当する場合，及び，株式交換完全子会社以外の子会社（中間子会社）から株式を取得する場合等，共通支配下の取引に該当する場合には，例外的に異なる方法で取得原価を算定するため注意が必要。
- ●逆取得に該当する場合には，株式交換完全子会社の簿価純資産額に基づいて算定する（**Ｑ２−21**参照）。
- ●中間子会社からの株式の取得に該当する場合，又は，子会社が孫会社を株式交換完全子会社とする場合等，共通支配下の取引に該当する場合には，株式交換日の前日に株式交換完全子会社が付していた適正な帳簿価額による株主資本の額に，株式交換日の前日の持分比率を乗じた金額により株式の取得原価を算定する。

1．株式交換が取得に該当する場合の株式交換完全子会社株式の取得価額の算定方法

取得とは，ある企業が他の企業又は企業を構成する事業に対する支配を獲得することをいいます（企業結合会計基準 9 ）。

　株式交換完全子会社となる会社に外部株主が存在する場合，外部株主が保有する株式にかかる株式交換は，一般的に，株式交換完全親会社が取得企業となる「取得」に該当する取引と考えられます。

(1)　個別財務諸表上の取扱い

①　取得価額の算定方法

　株式交換が取得に該当する場合，株式交換完全親会社の個別財務諸表上，取得する株式交換完全子会社株式の取得価額は，取得の対価となる財の時価に，付随費用を加算して算定します（企業結合適用指針110）。

　取得価額＝取得の対価となる財の時価＋付随費用

　なお，株式交換完全親会社が，株式交換日の前日に株式交換完全子会社の株式を保有している場合には，当該前日の適正な帳簿価額により，子会社株式に振り替えます。

②　取得の対価となる財の時価の算定方法

　株式交換が取得に該当する場合に，取得の対価となる財の時価をどのように算定するかについては，株式交換完全親会社（取得企業）が上場会社であるか，未上場会社であるかによって異なります。

　イ　上場会社である場合

　株式交換完全親会社が上場会社である場合には，株式交換完全親会社の株式の市場価格をもって取得の対価となる財の時価を算定します。市場価格の算定にあたっては終値を優先適用し，終値がなければ気配値（売り気配の最安値又は買い気配の最高値。いずれも公表されている場合は仲値）を適用します。算定基準日に終値も気配値も公表されていない場合には，直近において公表された終値又は気配値を適用します（金融商品会計に関する実務指針60）。

　ロ　未上場会社である場合

　株式交換完全親会社が未上場会社である場合，株式交換完全親会社の株式

の時価として合理的に算定された価額が得られる場合には，当該価額をもって取得の対価となる財の時価を算定します。合理的に算定された価額とは，経営陣の合理的な見積りに基づく価額をいい，算定方法には類似会社比準方式，割引将来キャッシュフロー方式があります（金融商品会計に関する実務指針54）。

なお，株式交換完全親会社の株式の合理的に算定された価額が得られない場合には，株式交換完全子会社（被取得企業）の株式の合理的に算定された価額を用いて算定します（企業結合適用指針37～43）。また，株式交換完全子会社の株式の合理的に算定された価額も得られない場合には，時価純資産額を基礎として算定を行います。

時価の算定基準日は株式交換日であることが原則ですが，以下の要件を満たす場合には，株式の交換比率を算定する目的で算定された価額を合理的に算定された価額とみなすことができます（企業結合適用指針39）。

- ・　被取得企業又は取得した事業の時価や取得の対価となる財の時価に適切に調整している。
- ・　株式交換日までに重要な変動が生じていないと認められる。

⑵　連結財務諸表上の取扱い

連結財務諸表上，取得に直接要した支出額（株式交換を成立させるために株式交換完全親会社（取得企業）が外部のアドバイザーに支払った交渉や株式の交換比率の算定のための報酬等）は発生事業年度の費用として処理されます（企業結合会計基準26）。よって個別財務諸表上，株式交換完全子会社株式の取得価額を構成する付随費用は，連結手続上で費用に振り替える処理を行います。

２．逆取得に該当する場合の子会社株式の取得価額の算定方法

逆取得となる株式交換とは，株式交換完全子会社が取得企業となり，株式交換完全親会社が被取得企業となる株式交換をいいます。通常は株式を取得する株式交換完全親会社が取得企業となるため，株式交換完全子会社が取得企業となる株式交換を逆取得の株式交換といいます。

逆取得の株式交換において，株式交換完全親会社が取得する株式交換完全子会社株式の取得価額は，株式交換日の前日における株式交換完全子会社の適正な帳簿価額による株主資本の額に基づいて算定します（企業結合会計基準36，企業結合適用指針118）。より詳細な取扱いについては**Q2-21**をご参照ください。

3．中間子会社からの取得に該当する場合（共通支配下の取引に該当する場合）の子会社株式の取得価額の算定方法

中間子会社とは，株式交換完全子会社の株式を保有している株式交換完全子会社以外の子会社をいいます。具体的には次の図における S2社が中間子会社に該当します。

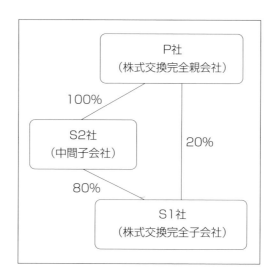

中間子会社からの取得は，企業集団内の取引であり「共通支配下の取引」に該当します。共通支配下の取引とは，結合当事企業（又は事業）のすべてが，企業結合の前後で同一の株主により最終的に支配され，かつ，その支配が一時的ではない場合の企業結合をいいます。支配の主体である同一の株主には，個人も含まれます（企業結合適用指針201）。共通支配下の取引により企業集団内を移転する資産負債は原則として移転直前に付されていた適正な帳簿価額により計上するとされています。

　そのため，中間子会社から取得する株式交換完全子会社株式の取得価額は，株式交換日の前日に株式交換完全子会社が付していた適正な帳簿価額による株主資本の額に，株式交換日の前日の中間子会社の持分比率を乗じて算定します（企業結合適用指針236-4，企業結合会計基準16，41）。

$$
\begin{array}{l}\text{中間子会社から取得する}\\ \text{株式交換完全子会社株式}\\ \text{の取得価額（中間子会社}\\ \text{持分相当額）}\end{array}=\begin{array}{l}\text{株式交換日の前日の}\\ \text{株式交換完全子会社}\\ \text{の株主資本（簿価）}\end{array}\times\begin{array}{l}\text{株式交換日の前日の}\\ \text{中間子会社の持分比率}\end{array}
$$

　なお，子会社が，その子会社（孫会社）を株式交換完全子会社とする株式交換を行う場合についても，子会社が取得する孫会社株式の取得価額は，上記の中間子会社持分相当額に準じて算定するとされています。すなわち，株式交換直前の孫会社の株主資本（簿価）に取得する持分の比率を乗じて取得する孫会社株式の取得価額を計算します。また，同額を払込資本とするとされています（企業結合適用指針236-5）。

4．子会社を完全子会社化する場合の子会社株式の取得価額の算定方法

　企業集団内における組織再編の会計処理には，「共通支配下の取引」と「非支配株主との取引」があり，あわせて「共通支配下の取引等」として整理されています（企業結合適用指針200）。

　子会社を完全子会社化する株式交換は，親会社が子会社の非支配株主から子会社株式を追加取得する取引であり，「非支配株主との取引」に該当します。

　親会社が追加取得する子会社株式の取得価額は，取得の処理に準じ，取得の対価に付随費用を加算して算定します（企業結合適用指針236(1)）。

Q2 -18 　取得した株式交換完全子会社株式の一時差異に対する税効果

株式交換によって取得した株式交換完全子会社株式に一時差異が生じています。当該一時差異に対する税効果会計の適用について教えてください。

(ポイント)

- ●株式交換時に生じた株式交換完全子会社株式に係る一時差異については，原則として税効果を認識しない。
- ●予測可能な期間に子会社株式を売却する予定がある場合等は，税効果を認識する。

A 株式交換を行った際，会計上は取得の対価となる財の時価に取得に直接要した支出額を加算した額が，株式交換完全親会社が取得した株式交換完全子会社株式の取得価額となります。しかし，税務においても同様に取得価額を計算するとは限りません（税務上の取得価額の算定方法についてはQ2-31，2-34を参照）。そのため，株式交換完全親会社が受け入れた子会社株式について，一時差異（会計と税務の帳簿価額の差異）が生じることがあります。

株式交換により生じた一時差異については，原則として税効果は認識しません。継続保有を前提として新規に子会社株式を取得したにもかかわらず，税効果を通じて株式の取得時に損益を認識することは適当ではないこと，及び，連結財務諸表における税効果の取扱いとの整合性を確保することがその理由です（企業結合適用指針115，404）。

なお，例外として，予測可能な期間に当該子会社株式を売却する予定がある場合，又は，売却その他の事由により当該子会社株式がその他有価証券として分類されることとなる場合には，当該一時差異に対する税効果を認識します。

Q2 -19　株式交換完全親会社が増加させる払込資本の金額及び内訳

　株式交換を行った際，株式交換完全親会社が増加させる払込資本の金額及び内訳はどのように決まるのか教えてください。また，払込資本の内訳を検討する際に留意すべきことがあれば教えてください。

(ポイント)

- ●取得の対価に相当する金額が，増加する払込資本の額となる。
- ●増加する払込資本の内訳は，株式交換完全親会社が株式交換契約の定めに従い定めた金額とする。なお，利益剰余金の額は変動しない。
- ●資本金の金額を検討する際は，登録免許税及び中小企業特例と呼ばれる税務上の優遇措置に留意する必要がある。

A

1．払込資本の増加額について

　株式交換完全親会社の株式を対価とする株式交換が行われた場合，増加する払込資本の金額（株主資本等変動額）は，取得の対価に相当する金額となります（企業結合適用指針111）。取得の対価の算定方法はＱ２−17をご参照ください。

　なお，自己株式を処分した場合，自己株式の処分の対価の額から処分した自己株式の帳簿価額を控除した金額が，増加する払込資本の金額となります（企業結合適用指針112）。

2．払込資本の増加額の内訳について

　株式交換完全親会社の株式を対価とする株式交換が行われた場合に，増加する払込資本の金額の内訳をどうするか，すなわち，資本金，資本準備金，その他資本剰余金のうち，いずれを増加させるかは，株主資本等変動額の範囲内で，株式交換完全親会社が株式交換契約の定めに従い定めた金額とされています

（会社計算規則39②本文，企業結合適用指針111）。原則として，株式交換完全親会社が自由に決めることができるため，資本金・資本準備金の増加額をゼロとすることもできます。

　なお，債権者保護手続きが行われない場合，その他資本剰余金の増加額に制約が設けられています。すなわち，最低でも以下の金額を株式交換完全親会社の資本金・資本準備金の増加額とする必要があると定められており，株主資本等変動額から資本金・資本準備金の増加額を差し引いた金額がその他資本剰余金の変動額となります（会社計算規則39②但書）。

$$\text{資本金・資本準備金の増加額の最低額} = \left[\text{株主資本等変動額}^{(※1)} + \text{対価自己株式の帳簿価額} \right] \times \text{株式発行割合}^{(※2)}$$

※1　株式交換完全親会社において変動する株主資本等の総額
※2　株式交換に際して発行する株式の数を当該株式の数及び対価自己株式の数の合計数で除して得た割合

　また，変動するのは払込資本（資本金，資本剰余金）のみで，利益剰余金の額を変動させることはできません。

3．払込資本の増加額の内訳を決定する上での留意点

　上述したとおり，株式交換完全親会社は，資本金の増加額を株主資本等変動額の範囲内で自由に決めることができます。払込資本の増加額の内訳を決定する上では，資本金の増加額について特に留意する必要があります。下記のように資本金の金額に応じて，課税の取扱いや会計監査人監査の要否が変わるためです。

(1)　登録免許税

　株式交換による変更の登記の登録免許税は，増加した資本金の金額の0.7%とされています（3万円に満たないときは3万円）。そのため，資本金を増加した金額に応じて登録免許税がかかります。

(2)　中小企業特例，外形標準課税

　株式交換によって，株式交換完全親会社の資本金が1億円超となる場合には，株式交換完全親会社において税務上の優遇措置（中小企業特例）が利用できなくなり，また法人事業税において外形標準課税が行われます。よって当該影響を踏まえて資本金を1億円超とするかの検討が必要となります。

(参考)　中小企業特例について

　資本金の額又は出資金の額が1億円以下の法人については，下記の特例の適用が認められています。ただし，大法人（資本金の額又は出資金の額が5億円以上の法人）との間に完全支配関係がある普通法人については特例を適用できません。

①　所得金額年800万円までの法人税の軽減税率

②　交際費等の損金不算入制度における定額控除制度

③　貸倒引当金の損金算入制度及び当該制度における法定繰入率の適用

④　欠損金の繰越控除における所得金額の一定割合を控除限度額とする措置の不適用

⑤　欠損金の繰戻しによる還付制度の不適用の除外措置

⑥　特定同族会社の特別税率（留保金課税）の不適用措置

(3)　会計監査人監査

　株式交換によって，株式交換完全親会社の資本金が5億円以上となる場合には，株式交換完全親会社において，会計監査人監査が求められるため留意が必要です。

(4)　均等割

　均等割の税率区分の判定は，会計上の資本金・資本準備金の合計額と税務上の資本金等の額のいずれか大きい金額を基準に判定されるため，均等割への影響を踏まえ，払込資本の内訳を決定する必要があります。また，無償減資を行い，資本金・資本準備金の一部をその他資本剰余金に振り替えることによって，

均等割への影響を小さくすることも可能であるため，必要に応じて無償減資の
是非についても検討が必要となります。

Q2 -20 80%を保有する会社（A社）を完全子会社とする株式交換の設例

当社が80％を保有する会社（A社）を完全子会社とするために，株式交換を行いたいと考えています。当社はどのような会計処理となるのか教えてください。

＜前提＞

● A社の発行済株式数は500株である（当社が80％，B社が20％保有）。

● 当社の発行済株式数は900株である。

● 株式の交換比率はA社株式1株につき，当社株式1株とする。

● 株式交換日の当社株式の1株当たりの時価は4と算定した。

● 取得に直接要した支出額は10である。

● 払込資本の増加額は，全額を資本準備金の増加とする。

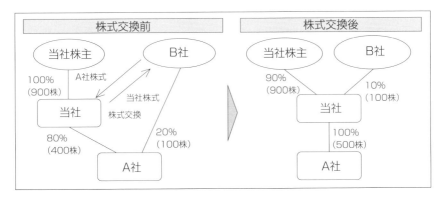

ポイント

● 個別財務諸表において，取得したA社株式（20％相当額）を時価で計上する。

● 連結財務諸表において，追加取得した持分相当額（20％相当額）について，のれんが計上される場合がある。

1．当社の個別財務諸表上の会計処理

当社の個別財務諸表における会計仕訳は下記のとおりとなります。

（借）A社株式	410	（貸）資本準備金	400
		現預金	10

　当社はA社株主であるB社からA社株式を受け入れるとともに，当社株式の割当てを行います。株式交換が逆取得及び中間子会社からの取得に該当しないため，当社のA社株式の取得価額は，取得の対価となる財の時価（株式交換日の当社株式の時価）である400（1株当たり時価4×交付株式数100株）に取得に直接要した支出額10を加算した410となります。

　また，払込資本の増加額は，取得の対価となる財の時価に相当する金額400であり，株式交換契約に全額を資本準備金の増加とすると定めたため，資本準備金の増加額は400となります。

2．当社の連結財務諸表上の会計処理

　株式交換直前の当社の連結貸借対照表は下記のとおりとします。

【株式交換直前の連結貸借対照表】

（借）諸資産	1,500	（貸）非支配株主持分	300
		資本金	500
		利益剰余金	700

　※　当社の連結子会社はA社のみであり，株式交換直前に計上されていた非支配株主持分は，A社に対するB社の持分相当額を意味します。

　当社の株式交換による追加取得に伴う資本連結仕訳は次のとおりとなります。

（借）非支配株主持分	300	（貸）A社株式	410
のれん	110		

　投資と資本の相殺により，A社株式の取得価額（410）と持分相当額（300）の差額がのれん（110）として計上されます。その結果，株式交換後の連結貸借対照表は下記のとおりとなります。

【株式交換後の連結貸借対照表】

（借）諸資産	1,490	（貸）資本金	500
のれん	110	資本剰余金	400
		利益剰余金	700

Q2 -21 　逆取得の株式交換の会計処理

　株式交換完全親会社ではなく，株式交換完全子会社が取得企業となる株式交換は，逆取得の株式交換と呼ばれ，例外的な取扱いとなると聞きました。当該株式交換の会計処理について教えてください。

(ポイント)

● 逆取得となる株式交換とは，株式交換完全親会社が被取得企業となり，株式交換完全子会社が取得企業となる株式交換をいう。

● 個別財務諸表上，株式交換完全親会社が取得した株式交換完全子会社の株式の取得価額及び増加資本の金額は，株式交換日の前日の株式交換完全子会社の適正な帳簿価額による株主資本の額に基づいて算定する。

● 株式交換後の連結財務諸表においては，株式交換完全親会社を被取得企業としてパーチェス法を適用する。

● 連結財務諸表における取得の対価及び株主資本の増加額は，株式交換完全親会社の株主が株式交換完全親会社に対する実際の議決権比率と同じ比率を保有するのに必要な数の株式交換完全子会社の株式を株式交換完全子会社が交付したものとみなして算定する。

A 　1．逆取得の株式交換とは

　株式交換においては，株式を交付する会社（株式交換完全親会社となる会社）が取得企業（支配を獲得する企業）となるケースが一般的です。しかし，株式交換完全子会社となる会社の規模が著しく大きい場合など，株式交換完全子会社となる会社が支配を獲得したと考えられる株式交換が行われるケースもあります。そのような通常とは異なる株式交換は逆取得の株式交換といわれ，実態にあった会計処理を行うため，例外的な取扱いが設けられています。

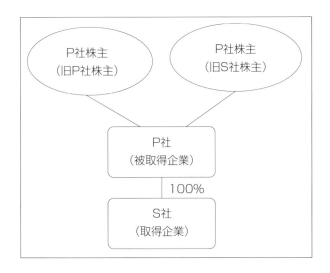

２．取得企業の判定

　株式交換が逆取得に該当するか否かは，株式交換完全子会社が結合当事企業に対する支配を獲得したか否かで判断します。具体的には支配を獲得したか否かは，連結会計基準の考え方及び以下の要素を総合的に勘案して判断します（企業結合会計基準18～22）。

【取得企業の判定要素】

> ①　総体としての株主が占める相対的な議決権比率の大きさ
> ②　関連会社にあたる程度の重要な議決権比率を有する株主の存在
> ③　結合後企業の取締役会の支配の状況
> ④　株式交換の際のプレミアム
> ⑤　結合当事企業の相対的規模の著しい相違の有無

３．株式交換完全親会社の個別財務諸表上の会計処理

　株式交換が逆取得に該当する場合，株式交換完全親会社の個別財務諸表上，取得する株式交換完全子会社の株式の取得価額は，株式交換日の前日の株式交換完全子会社の適正な帳簿価額による株主資本の額に基づいて算定します。ま

た，同額が増加資本の額となります。

４．連結財務諸表上の会計処理

　株式交換が逆取得に該当する場合，株式交換後の連結財務諸表においては，株式交換完全子会社を取得企業，株式交換完全親会社を被取得企業としたパーチェス法を適用して会計処理を行います。具体的には，株式交換日の前日の株式交換完全子会社の連結財務諸表に以下の調整を加えて，株式交換後の連結財務諸表を作成します。

⑴　資産・負債に係る調整

　株式交換完全親会社の資産・負債を時価評価した上で加算します。株式交換完全親会社株式の取得原価（取得の対価となる財の時価に取得に直接要した支出額を加算して算定）と取得原価の配分額（時価純資産）の差額はのれんとなります。

　なお，取得原価を算定する上で，取得の対価となる財の時価は，株式交換完全親会社の株主が結合後企業（株式交換完全親会社）に対する実際の議決権比率と同じ比率を保有するのに必要な数の株式交換完全子会社の株式を株式交換完全子会社が交付したものとみなして算定します。

⑵　株主資本に係る調整

　取得の対価を払込資本の額に加算します。なお，連結財務諸表上の資本金は，株式交換完全親会社（被取得企業）の資本金とし，これと株式交換直前の連結財務諸表上の資本金（株式交換完全子会社の資本金）が異なる場合には，差額を資本剰余金とします。

Q2 -22 株式交換完全子会社が自己株式を保有している場合の取扱い

株式交換直前に株式交換完全子会社が自己株式を保有している場合の取扱いを教えてください。

（ポイント）

株式交換直前に株式交換完全子会社が自己株式を保有している場合，株式交換日に当該自己株式に対して株式交換完全親会社の株式が割り当てられる。

A 株式交換の直前に株式交換完全子会社が自己株式を保有している場合，株式交換日に当該自己株式と株式交換完全親会社の株式が交換されます。そのため株式交換完全子会社は株式交換日において自己株式を親会社株式に振り替える必要があります。

株式交換完全子会社が受け入れる株式交換完全親会社株式の取得価額は，親会社が付した子会社株式の取得価額を基礎として算定します。具体的には，従前の自己株式の帳簿価額を用いるのではなく，株式交換完全親会社株式の時価を用います。時価を用いるのは以下の理由からです（企業結合適用指針447-3）。

① 株式交換前に自己株式を消却することもできるため，株式交換日に自己株式を保有するかどうかは当事者の意思決定の結果に依存しており，会計上，共通支配下の取引として処理する必然性がない。

② 資本控除されている自己株式が，親会社株式という資産に置き換わることになるため，連続性がない。

なお，親会社株式の取得原価と自己株式の帳簿価額との差額は，自己株式処分差額としてその他資本剰余金に計上します（企業結合適用指針238-3）。

Q2 -23 当社の子会社に他社が株式交換を実施したときの当社の会計処理（株式交換完全子会社の株主の会計処理）

当社が60％保有するＡ社に対して，Ｂ社がＢ社株式を対価とする株式交換を行いました。当社の個別財務諸表上の会計処理を教えてください。

ポイント

●受取対価が株式のみであり，株式交換後にＢ社（株式交換完全親会社）が当社の関係会社となる場合には，投資が継続しているものとみなされ，交換損益は認識しない。

●受取対価に現金が含まれる場合又は受取対価が株式のみであっても株式交換前後で投資が継続しているといえない場合には，投資が清算されたものとみなされ，交換損益を認識する。

A ## 1．会計処理の概要

当社すなわち，株式交換完全子会社の株主の会計処理は，株式交換完全子会社に関する投資が継続していると判定されるか否かにより異なります。

投資が継続していると判定される場合は，株式交換前に保有していた株式の適正な帳簿価額に基づき，新たに取得した株式の帳簿価額を算定し，交換損益は認識しません。

これに対して，投資が継続していないと判定される場合は，株式の時価をもって新たに取得した株式の帳簿価額を算定し，引き渡した株式の帳簿価額との差額を交換損益として認識します。

２．投資の継続について

　株式交換完全子会社に関する投資が継続しているか否かの判定は，受取対価及び株式交換後の株式交換完全親会社に対する支配の状況という観点から判定します。

(1)　受取対価が現金等の財産のみである場合

　受取対価が現金等の場合，原則として投資は継続していない（清算された）とみなされます。その場合，受け取った現金等の財産の時価と，株式交換完全子会社の株式の適正な帳簿価額との差額が，交換損益として認識されます（事業分離会計基準35～37）。

(2)　受取対価が株式のみである場合

　受取対価が株式の場合，株式交換完全子会社に関する投資を株式交換完全親会社を通じて引き続き行っていると考えられるため，投資が継続しているとみなされます。よって，原則として交換損益は認識されません。ただし，株式交換前に株式交換完全子会社が関係会社（子会社又は関連会社）であったのに対し，株式交換後の株式交換完全親会社が関係会社ではない場合には，受取対価が株式のみであっても投資が清算されたとみなされます。その場合，株式交換完全親会社株式を時価で取得したものとされ，交換損益が認識されるため注意が必要です（事業分離会計基準38～44）。

(3)　受取対価が現金等の財産と株式の場合

　現金等の財産が含まれる場合には，投資が清算されたとみなされ，交換損益が認識される場合があります（事業分離会計基準45～47）。

３．本質問への当てはめ

　株式交換前において当社はＡ社株式の60％を保有しており，Ａ社は当社の子会社に該当します。株式交換が株式交換完全親会社の株式を対価としていることから，株式交換後において，Ｂ社が当社の関係会社（子会社又は関連会

58

社）に該当する場合には，B社を通じてA社に対する投資が継続していると判定されます。その場合には，株式交換前に保有していたA社株式の適正な帳簿価額に基づき，新たに取得したB社株式の取得原価が算定され，交換損益は認識しません。

　これに対して，株式交換により当社の持分が減少し，B社が関係会社に該当しない場合には，A社に対する投資は清算されたと判定されます。その場合には，新たに取得したB社株式の取得価額は時価に基づき算定され，交換損益の認識が必要となります。

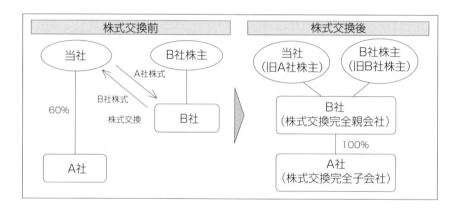

第3節　株式交換の税務

Q2 -24　株式交換に関する税制の全体像
株式交換に関する税制の全体像について教えてください。

(ポイント)
- 株式交換をする場合には，原則として株式交換完全子法人が所有する一定の資産について時価評価を行う（非適格株式交換）。
- 企業グループ内の株式交換など，一定の要件を満たす場合には，株式交換完全子法人が所有する資産について時価評価を行わない（適格株式交換）。
- 株式交換完全子法人，株式交換完全親法人，株式交換完全子法人の株主における課税関係を整理しておく必要がある。

A ### 1. 株式交換税制の概要

　　　株式交換に関する税制は，平成11年度税制改正において租税特別措置として創設されました。その後，平成18年度税制改正において，合併などと同様に組織再編税制の1つとして法人税法に規定されました。

　株式交換をする場合，原則的には，非適格株式交換に該当するものとして，株式交換完全子法人が有する一定の資産（詳細は**Q2-35**をご参照ください）について時価評価を行い，含み損益を計上することとされています。株式交換は株式取得によって会社財産を間接的に取得できる点で，直接的に会社財産を取得する合併と類似する行為とみることができますので，類似する行為に対して異なる課税を行うと，組織再編成の手法選択に歪みをもたらしかねない等の問題が生じます。

　よって，非適格合併の場合に被合併法人の資産について譲渡損益が計上されることとの整合性を図るために，株式交換完全子法人が有する一定の資産について時価評価を行い，含み損益を計上することとされています。

しかし，株式交換完全子法人の株主による支配が継続していると認められる場合（詳細は**Q2−25〜2−27**をご参照ください）には，適格株式交換として扱われ，時価評価を行いません。

株式交換をする場合には，「株式交換完全子法人」，「株式交換完全親法人」，「株式交換完全子法人の株主」についてそれぞれ適格株式交換・非適格株式交換の場合で課税関係が異なります。

それぞれの課税関係を簡単にまとめますと以下のとおりとなります。

(1)　株式交換完全子法人の課税関係

株式交換をする場合には，原則として，株式交換完全子法人が有する固定資産，土地等，有価証券，金銭債権及び繰延資産（これらの資産のうち帳簿価額が1,000万円に満たないもの，含み損益が資本金等の額の2分の1又は1,000万円のいずれか少ない金額に満たないもの等を除く）について時価評価を行います（法人税法62の9，法人税施行令123の11）。したがって，株式交換完全子法人において，上記資産に係る含み損益が実現します。

一方，適格株式交換の場合には，株式交換完全子法人が有する資産について時価評価を行いませんので，資産の含み損益が株式交換時に実現せず，含み損益に対する課税が繰り延べられることとなります。

なお，株式交換をする場合に，その株式交換を適格株式交換として取り扱うか否かは納税者が自由に選択できるものではなく，適格株式交換となるための要件を満たしていれば強制的に適格株式交換となりますので注意が必要です（詳細は，**Q2−32，Q2−35**をご参照ください）。

(2)　株式交換完全親法人の課税関係

株式交換完全親法人は，適格株式交換であるか非適格株式交換であるか，適格株式交換に該当する場合には株式交換完全子法人の株主数により株式交換完全子法人株式の受入価額及び増加する資本金等の額が異なります（詳細は**Q2−31，Q2−34**をご参照ください）が，株式交換完全子法人株式の受入れについては，いずれの場合も法人税の課税は生じません。

(3)　株式交換完全子法人の株主の課税関係

　株式交換完全子法人の株主が旧株に代えて新株以外の資産，すなわち株式交換交付金等の交付を受ける場合には，その時点で株に対する投資がいったん清算されたものとして扱われ，旧株の株式譲渡損益について課税されます。反対に，旧株に代えて新株のみの交付を受ける場合には投資は継続しているものとして扱われ，株式譲渡益課税はありません（法人税法61の2⑨，詳細は**Q2−33**，**Q2−38**をご参照ください）。

　なお，株式交換が非適格である場合であっても，合併等の場合と異なり，みなし配当は生じません（法人税法24）。

2.　適格株式交換となるための要件の概要

　適格株式交換となるのは，下記のとおり，企業グループ内で株式交換をする場合や，共同で事業を営む場合の株式交換で一定の要件を満たす場合が該当します（法人税法2十二の十七）。

(1)　企業グループ内の株式交換

①　株式交換完全親法人と株式交換完全子法人との間に完全支配関係がある場合の株式交換

②　株式交換完全親法人と株式交換完全子法人との間に支配関係がある場合の株式交換

(2)　株式交換完全親法人と株式交換完全子法人が共同して事業を営む株式交換

　詳細については**Q2−27**をご参照ください。

Q2 -25 完全支配関係がある法人間での株式交換の適格要件

完全支配関係がある法人間で行う株式交換の適格要件を教えてください。

(ポイント)

- ●直接完全支配関係がある法人間の株式交換，同一者による完全支配関係がある法人間の株式交換の適格要件として，金銭等不交付要件，株式継続保有要件がある。
- ●適格株式交換の後に適格合併が見込まれている場合には，株式継続保有要件が緩和される。

A ## 1．内 容

完全支配関係がある場合の株式交換は，その実態は一体と考えられる法人同士が株式交換するものと考えられます。完全支配関係がある法人間で株式の移転があった場合においても，その前後での支配は変わらないものと考えられます。

完全支配関係とは，一の者が法人の発行済株式等の全部を直接もしくは間接に保有する関係（以下，「直接完全支配関係」）又は一の者との間に直接完全支配関係がある法人相互の関係（以下，「同一者による完全支配関係」）をいいます（法人税法2十二の七の六）。

なお，完全支配関係の判定において，使用人を組合員とする従業員持株会が保有する株式及びストックオプションを付与された法人の役員等がその行使により取得した株式の占める割合が，自己株式を除く発行済株式総数の5％未満である場合には，これらの株式を除外して完全支配関係に該当するかどうかを判定します（法人税施行令4の2②）。

直接完全支配関係がある株式交換と同一者による完全支配関係がある株式交換は，以下のとおり適格株式交換に該当するための要件があります。

① 金銭等不交付要件（法人税法2十二の十七）

　移転する株式交換完全子法人株式の対価として株式交換完全親法人株式（又は株式交換完全親法人の親法人の株式，以下，「株式交換完全支配親法人株式」）以外の資産の交付がないこと。

② 株式継続保有要件（法人税法2十二の十七，法人税施行令4の3⑱）

　株式交換後において完全支配関係が継続すると見込まれていること。なお，同一の者が個人である場合には，当該個人と特殊の関係のある者（※）を含めて持分の判定を行います。

　　※　特殊の関係のある者とは，以下に掲げる者をいいます（法人税施行令4①）。

　　　イ　当該個人の親族

　　　ロ　当該個人と婚姻の届出をしていないが，事実上，婚姻関係と同様の事情にある者

　　　ハ　当該個人の使用人

　　　ニ　イ～ハに掲げる者以外の者で当該個人から受ける金銭その他の資産によって生計を維持している者

　　　ホ　ロ～ニに掲げる者と生計を一にするこれらの者の親族

上記の株式交換を図示すると下記のとおりです。

【直接完全支配関係の場合】

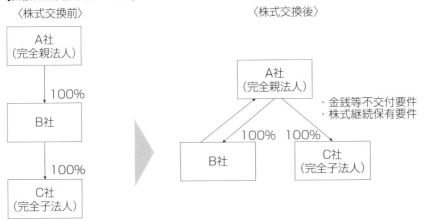

〈株式交換前〉　　　　　　　　　　　　〈株式交換後〉

株式交換完全親法人を「完全親法人」，株式交換完全子法人を「完全子法人」とする（以下同じ）。

64

【同一者による完全支配関係の場合】

〈株式交換前〉　　　　　　　　　　　　〈株式交換後〉

株主	株主

100%　　　100%　　　　　　　　100%

A社（完全親法人）　B社（完全子法人）

A社（完全親法人）

100%

B社（完全子法人）

・金銭等不交付要件
・株式継続保有要件

2．実務上の留意点

　完全支配関係があるかどうかの判定は，株式交換直前の資本関係により判定することとなりますので，株式交換前に資本関係を見直しておくことが重要となります。

　適格株式交換の後に，適格合併が見込まれている場合には，株式継続保有要件が次のように緩和されます。

【株式交換完全子法人を被合併法人とする適格合併が見込まれている場合】（直接完全支配関係）

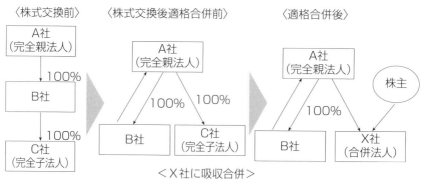

〈株式交換前〉　　〈株式交換後適格合併前〉　　　〈適格合併後〉

　株式交換のときから適格合併の直前のときまで，株式交換完全親法人と株式交換完全子法人との間に株式交換完全親法人による完全支配関係が継続すること（法人税施行令 4 の 3 ⑱一）。

【株式交換完全子法人を被合併法人とする適格合併が見込まれている場合（同一者による完全支配関係)】

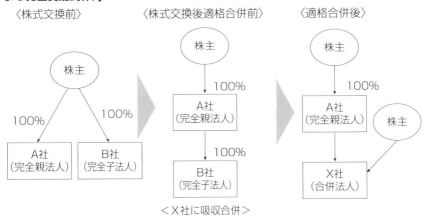

株式交換後に株式交換完全子法人と株式交換完全親法人との間に同一者による完全支配関係があり，かつ，株式交換のときから適格合併の直前のときまで，株式交換完全親法人と株式交換完全子法人との間に株式交換完全親法人による完全支配関係が継続すること（法人税施行令4の3⑱二イ，ロ，ハ(3)）。

【株式交換完全親法人を被合併法人とする適格合併が見込まれている場合（同一者による完全支配関係)】

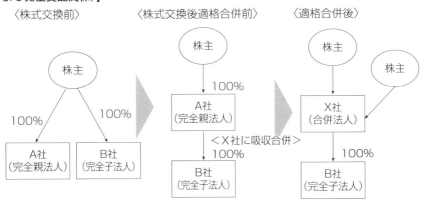

株式交換後に株式交換完全子法人と株式交換完全親法人との間に同一者によ

る完全支配関係があり，かつ，株式交換のときから適格合併の直前のときまで，株式交換完全親法人と株式交換完全子法人との間に株式交換完全親法人による完全支配関係が継続し，適格合併後に合併法人と株式交換完全子法人との間に合併法人による完全支配関係が継続すること（法人税施行令4の3⑱ニイ，ロ，ハ(2)）。

【同一者を被合併法人とする適格合併が見込まれている場合（同一者による完全支配関係）】

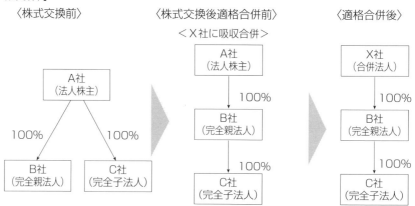

　株式交換後に株式交換完全子法人と株式交換完全親法人との間に同一者による完全支配関係があり，かつ，株式交換のときから適格合併の直前のときまで，株式交換完全親法人と株式交換完全子法人との間に株式交換完全親法人による完全支配関係が継続すること（法人税施行令4の3⑱ニイ，ロ，ハ(1)，㉕一）。

Q2-26 支配関係がある法人間の株式交換の適格要件

支配関係がある法人間で行う株式交換の適格要件を教えてください。

ポイント

● 直接支配関係がある法人間の株式交換，同一者による支配関係がある法人間の株式交換は，金銭等不交付要件，従業者引継要件，事業継続要件及び株式継続保有要件がある。

● 適格株式交換の後に適格合併が見込まれている場合には，株式継続保有要件が緩和される。

A 株式交換等完全親法人と株式交換等完全子法人との間に支配関係がある場合の株式交換は，その実態は企業グループで一体的な経営が行われている法人同士の株式交換と考えられます。これらの法人間で，株式の移転があった場合においても，その前後での支配は変わらないものと考えられます。

　支配関係とは，一の者が法人の発行済株式等の総数の50％超100％未満の株式等を直接もしくは間接に保有する関係（以下，「直接支配関係」）又は一の者との間に直接支配関係がある法人相互の関係（以下，「同一者による支配関係」）をいいます（法人税法2十二の七の五）。

　直接支配関係の場合と同一者による支配関係の場合には，以下のとおり適格株式交換に該当するための要件があります（法人税法2十二の十七）。

① 　金銭等不交付要件（法人税法2十二の十七）

　　移転する株式交換等完全子法人株式の対価として株式交換等完全親法人株式（又は株式交換等完全支配親法人株式）以外の資産の交付がないこと。

※　平成29年10月1日以降に行われる株式交換で株式交換直前に，株式交換等完全親法人が株式交換等完全子法人の発行済株式の3分の2以上を保有している場合，非支配株主に金銭等を交付しても他の要件を満たしている場合，適格株式交換に該当します。

② 従業者引継要件（法人税法２十二の十七）

　　株式交換等完全子法人の従業者のうち，概ね80％以上に相当する者が株式交換等完全子法人の業務に従事することが見込まれていること。

③ 事業継続要件（法人税法２十二の十七）

　　株式交換等完全子法人の株式交換前に営む主要な事業が株式交換等完全子法人において引き続き営まれることが見込まれていること。

④ 株式継続保有要件（法人税法２十二の十七，法人税施行令４の３⑲）

　　株式交換後において支配関係が継続すると見込まれていること。

※ 平成29年10月１日以降において，全部取得条項付種類株式，株式併合，株式売渡請求により完全子法人となる法人の課税関係について，支配関係がある法人間の株式交換の適格要件と同様の取扱いとなります（法人税法２十二の十六）。

　支配関係がある法人間の株式交換を図示すると下記のとおりです。

【直接支配関係の場合】

〈株式交換前〉　　　　　　　　　　　　　　〈株式交換後〉

株主

A社（完全親法人）　　　　株主

50％超

B社（完全子法人）

株主

株主

A社（完全親法人）

100％
　・金銭等不交付要件
　・従業者引継要件
　・事業継続要件
　・株式継続保有要件

B社（完全子法人）

【同一者による支配関係の場合】

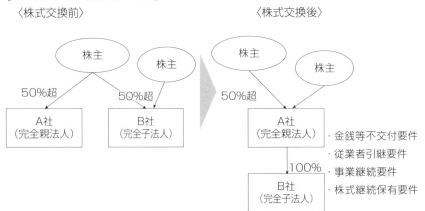

　適格株式交換の後に，適格合併が見込まれている場合には，株式継続保有要件が次のように緩和されます。

【株式交換等完全子法人を被合併法人とする適格合併が見込まれている場合（直接支配関係）】

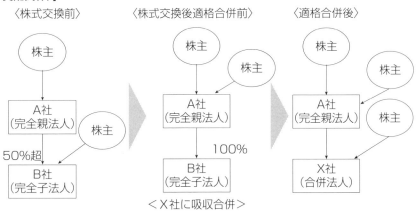

　株式交換等のときから適格合併の直前のときまで株式交換等完全親法人と株式交換等完全子法人との間に株式交換等完全親法人による完全支配関係が継続すること（法人税施行令4の3⑲一ロ）。

【株式交換等完全親法人を被合併法人とする適格合併が見込まれている場合（直接支配関係）】

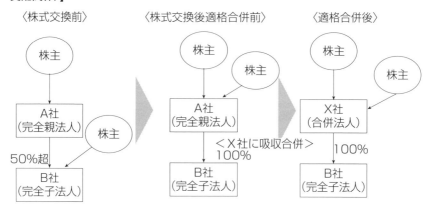

〈株式交換前〉　　〈株式交換後適格合併前〉　　〈適格合併後〉

　　株式交換等のときから適格合併の直前のときまで株式交換等完全親法人と株式交換等完全子法人との間に株式交換等完全親法人による完全支配関係が継続し，適格合併後に合併法人と株式交換等完全子法人との間に合併法人による完全支配関係が継続すること（法人税施行令4の3⑲一イ）。

【株式交換等完全子法人を被合併法人とする適格合併が見込まれている場合（同一者による支配関係）】

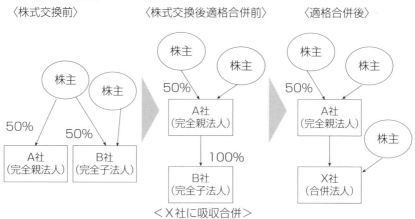

〈株式交換前〉　　〈株式交換後適格合併前〉　　〈適格合併後〉

　　株式交換等後に株式交換等完全子法人と株式交換等完全親法人との間に同一者による支配関係があり，かつ，株式交換等のときから適格合併の直前のとき

まで株式交換等完全親法人と株式交換等完全子法人との間に株式交換等完全親法人による完全支配関係が継続すること（法人税施行令4の3⑲ニイ，ロ，ハ(3)）。

【株式交換等完全親法人を被合併法人とする適格合併が見込まれている場合（同一者による支配関係)】

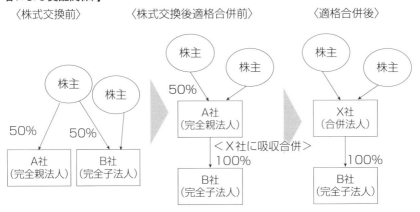

〈株式交換前〉　　　〈株式交換後適格合併前〉　　　〈適格合併後〉

　株式交換等の後に株式交換等完全子法人と株式交換等完全親法人との間に同一者による支配関係があり，かつ，株式交換等のときから適格合併の直前のときまで株式交換等完全親法人と株式交換等完全子法人との間に株式交換等完全親法人による完全支配関係が継続し，適格合併後に合併法人と株式交換等完全子法人との間に合併法人による完全支配関係が継続すること（法人税施行令4の3⑲ニイ，ロ，ハ(2)）。

【同一者を被合併法人とする適格合併が見込まれている場合（同一者による支配関係】

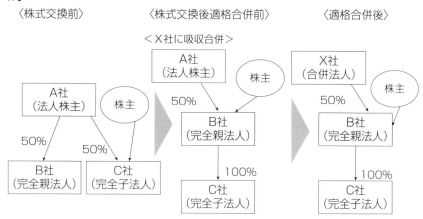

〈株式交換前〉　　　　〈株式交換後適格合併前〉　　　　〈適格合併後〉

　株式交換等の後に株式交換等完全子法人と株式交換等完全親法人との間に同一者による支配関係があり，かつ，株式交換等のときから適格合併の直前のときまで株式交換等完全親法人と株式交換等完全子法人との間に株式交換等完全親法人による完全支配関係が継続すること（法人税施行令４の３⑲ニイ，ロ，ハ⑴，㉕一）。

Q2 -27　共同で事業を行うために株式交換する場合の適格要件

共同で事業を行うために株式交換する場合の適格要件を教えてください。

(ポイント)

●株式交換の直前に株式交換完全子法人に支配株主がいない場合には，金銭等不交付要件，事業関連要件，事業規模要件（又は経営参画要件），従業者引継要件，事業継続要件，完全支配関係継続要件がある。

●株式交換の直前に株式交換完全子法人に支配株主がいる場合には，上記に加え，株式継続保有要件がある。

●適格株式交換の後に適格組織再編が見込まれている場合には，一部の適格要件について取扱いが異なる。

A　1. 内　容

完全支配関係及び支配関係がある法人間の株式交換以外の株式交換で，株式交換完全子法人と株式交換完全親法人が共同で事業を営むための株式交換として，下記の区分に応じてそれぞれに掲げる要件を満たす場合には，適格株式交換に該当します。

●株式交換の直前に株式交換完全子法人に支配株主がいない場合……下記(1)～(5)，(7)

●株式交換の直前に株式交換完全子法人に支配株主がいる場合…下記(1)～(7)

(1)　金銭等不交付要件（法人税法２十二の十七）

移転する株式交換完全子法人株式の対価として株式交換完全親法人株式（又は株式交換完全支配親法人株式）以外の資産の交付がないこと。

(2)　**事業関連要件**（法人税法２十二の十七，法人税施行令４の３⑳一）

　株式交換完全子法人の事業と株式交換完全親法人の事業が相互に関連するものであること。

(3)　**事業規模要件又は経営参画要件**（法人税法２十二の十七，法人税施行令４の３⑳二）

① **事業規模要件**

　株式交換完全子法人の事業と株式交換完全親法人の事業のそれぞれの売上金額，従業者数又は資本金の額等の規模の割合が概ね５倍を超えていないこと。

② **経営参画要件**

　株式交換前の株式交換完全子法人の特定役員の全てが株式交換に伴って退任をするものでないこと（特定役員とは，社長，副社長，代表取締役，代表執行役，専務取締役又は常務取締役と同等に法人の経営の中枢に参画している者をいい，必ずしも会社法上の役員である必要はない）。

(4)　**従業者引継要件**（法人税法２十二の十七，法人税施行令４の３⑳三）

　株式交換完全子法人の株式交換直前の従業者のうち，その総数の概ね80％以上に相当する数の者が，その株式交換後の株式交換完全子法人の業務に従事することが見込まれていること。

(5)　**事業継続要件**（法人税法２十二の十七，法人税施行令４の３⑳四）

　株式交換完全子法人の事業が株式交換完全子法人において株式交換後引き続き営まれることが見込まれていること。

(6)　**株式継続保有要件**（法人税法２十二の十七，法人税施行令４の３⑳五）
　〈平成29年10月1日以降に行われる株式交換の場合〉

　支配株主（株式交換直前に株式交換完全子法人に対し支配関係があるもの）が株式交換により交付を受ける株式交換完全親法人の株式又は株式交換完全支

配親法人株式のいずれか一方の株式（議決権のないものを除く）の全部を継続して保有することが見込まれること。

　株式継続保有要件の判定は，株主単位での継続保有により判定します。継続して保有する株式数ではないので注意が必要です。具体的な数値を用いると下記のように判定します。

【例①】

	株式交換完全子法人の発行済株式	交付を受けた株式交換完全親法人等の株式の保有状況
株主A	60株	全株継続保有見込み
株主B	30株	1株を売却予定
株主C	10株	1株を売却予定
合計	100株	

　支配株主である株主Aが株式交換により交付を受けた株式の全株を継続して保有する見込みがあるかどうかにより判定しますので，株主B及び株主Cの保有状況に左右されません。株主Aが株式交換により交付を受けた株式の全株を継続して保有する見込みであることから株式継続保有要件を満たします。

【例②】

	株式交換完全子法人の発行済株式	交付を受けた株式交換完全親法人等の株式の保有状況
株主A	60株	1株を売却予定
株主B	30株	全株継続保有見込み
株主C	10株	全株継続保有見込み
合計	100株	

　支配株主である株主Aが株式交換により交付を受けた株式の全株を継続して保有する見込みがあるかどうかにより判定しますので，株主B及び株主Cの保有状況に左右されません。株主Aが株式交換により交付を受けた株式の全株を継続して保有する見込みがないことから株式継続保有要件を満たしません。

〈平成29年9月30日までに行われる株式交換の場合〉

　株式交換直前の株式交換完全子法人の株主等で株式交換により交付を受ける株式交換完全親法人の株式又は株式交換完全支配親法人株式のいずれか一方の株式（議決権のないものを除く）の全部を継続して保有することが見込まれる者が有する持株数が，株式交換完全子法人の発行済株式等の80％以上であること。

　株式継続保有要件の判定は，株主単位での継続保有により判定します。継続して保有する株式数ではないので注意が必要です。具体的な数値を用いると下記のように判定します。

【例①】

	株式交換完全子法人の発行済株式	交付を受けた株式交換完全親法人等の株式の保有状況
株主A	60株	全株継続保有見込み
株主B	30株	全株継続保有見込み
株主C	10株	1株を売却予定
合計	100株	

　株主Cは株式交換により交付を受けた株式の全株を継続して保有する見込みがありませんので，株式交換完全子法人の発行済株式のうち株主A及び株主Bが保有していた株式交換完全子法人の株式の割合により計算します。60株＋30株＝90株となり，100株に対して90％となりますので，80％以上となることから株式継続保有要件を満たします。

【例②】

	株式交換完全子法人の 発行済株式	交付を受けた株式交換完全 親法人等の株式の保有状況
株主A	60株	全株継続保有見込み
株主B	30株	1株を売却予定
株主C	10株	全株継続保有見込み
合計	100株	

　株主Bは株式交換により交付を受けた株式の全株を継続して保有する見込みがありませんので，株式交換完全子法人の発行済株式のうち株主A及び株主Cが保有していた株式交換完全子法人の株式の割合により計算します。60株＋10株＝70株となり，100株に対して70％となりますので，80％未満となることから株式継続保有要件を満たしません。

　※　平成29年10月1日以降に行われる株式交換における株式継続保有要件は，「支配株主が株式交換により交付を受ける株式交換完全親法人の株式又は株式交換完全支配親法人株式のいずれか一方の株式（議決権のないものを除く）の全部を継続して保有することが見込まれること」となります。

(7)　完全支配関係継続要件（法人税法２十二の十七，法人税施行令４の３⑳六）

　株式交換後に当該株式交換に係る株式交換完全親法人と株式交換完全子法人との間に株式交換完全親法人による完全支配関係が継続することが見込まれていること。

2.　適格株式交換後に適格合併等が見込まれている場合の適格要件

　適格株式交換の後に，株式交換完全子法人を被合併法人，分割法人又は現物出資法人（以下，「被合併法人等」とする）とする適格合併，適格分割又は適格現物出資（以下，「適格合併等」とする）が見込まれている場合には次の要件に取扱いが変更となります。

⑴　**経営参画要件**（法人税法２十二の十七，法人税施行令４の３⑳二）

　適格合併等により合併法人，分割承継法人，被現物出資法人（以下，「合併法人等」とする）の役員への就任に伴う退任があった場合においても，経営参画要件を満たします。

⑵　**従業者引継要件**（法人税法２十二の十七，法人税施行令４の３⑳三）

　適格合併等により直前の従業者の全部又は一部が合併法人等に引き継がれることが見込まれている場合には，株式交換直前の従業者のうち合併法人等に引き継がれるもので株式交換後に株式交換完全子法人の業務に従事し，適格合併等後に合併法人等の業務に従事する者の数と，株式交換直前の従業者のうち合併法人等に引き継がれる従業者以外のもので株式交換完全子法人の業務に引き続き従事する者の数とを合計した数が，株式交換直前の従業者の総数の概ね80％以上に相当する数となることが見込まれていること。

⑶　**事業継続要件**（法人税法２十二の十七，法人税施行令４の３⑳四）

　適格合併等により株式交換完全子法人の事業が移転することが見込まれている場合には，株式交換完全子法人の事業が株式交換後に株式交換完全子法人において営まれ，適格合併等後に合併法人等において引き続き営まれることが見込まれ，かつ，株式交換完全子法人の事業のうち合併法人等に移転しない事業が株式交換完全子法人において引き続き営まれることが見込まれていること。

　適格株式交換の後に，適格合併が見込まれている場合には，株式継続保有要件，完全支配関係継続要件が次の取扱いとなります。

⑷　**株式継続保有要件**（法人税法２十二の十七，法人税施行令４の３⑳五）

　株式交換後に株式交換完全親法人を被合併法人とする適格合併を行うことが見込まれている場合には，株式交換のときから適格合併の直前のときまで対価株式の全部が支配株主により継続して保有されることが見込まれること。

⑸　完全支配関係継続要件（法人税法２十二の十七，法人税施行令４の３⑳六）

　株式交換後に株式交換完全子法人を被合併法人とする適格合併を行うことが見込まれている場合には，株式交換のときから適格合併の直前のときまで株式交換完全親法人と株式交換完全子法人との間に株式交換完全親法人による完全支配関係が継続することが見込まれること。

　株式交換後に株式交換完全子法人を合併法人等とする適格合併等を行うことが見込まれている場合には，適格合併等の直前の時まで株式交換完全親法人と株式交換完全子法人との間に株式交換完全親法人による完全支配関係が継続し，適格合併等後に株式交換完全親法人が株式交換完全子法人の適格合併等直前の発行済株式等の全部に相当する数の株式を継続して保有することが見込まれていること。

【適格判定フローチャート】

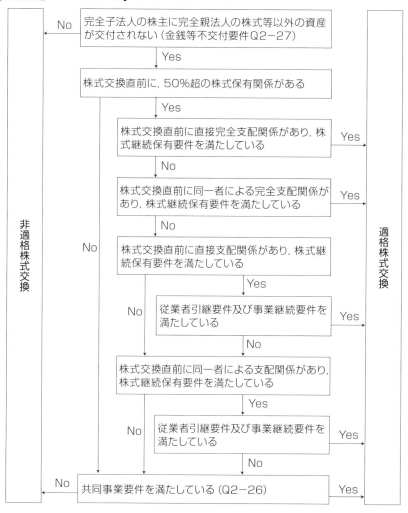

Q2 -28　金銭等不交付要件

株式交換に伴い，金銭が交付されることのみをもって税制適格の要件に共通する金銭等不交付要件に抵触しますか。

ポイント

次の①～③に該当する金銭を交付する場合には，金銭等不交付要件には抵触しない。

①　配当見合い金の交付金

②　反対株主の買取請求による交付金

③　1株未満の端株の処理による交付金

A　1．内　容

　　税務上の適格要件には，株式交換の対価を株式交換完全親法人株式又は株式交換完全支配親法人株式の交付のみとする要件（金銭等不交付要件という）がありますので，対価として金銭が交付される場合には適格要件から外れてしまうのではという疑問が生じます。この点，①株式交換完全子法人の株主等への剰余金の配当や，②反対株主からの買取請求による交付金は，適格株式交換の可否判定の際の金銭等から除外されています（法人税法2十二の十七）のでいずれの場合も，株式交換対価としての金銭の交付として扱わないこととされています。

　　また，上記以外にも，株式交換比率の関係上，株式交換完全子法人の株主に交付される株式に1株未満の端数の株式が生じることで，金銭を交付する場合も，金銭等不交付要件に抵触するのではという疑問が生じます。会社法上，1株未満の端数の株式が生じた場合には，株式交換完全親法人がその端数の株式に相当する株式を競売し，その端数の株式数に応じてその対価を株式交換完全子法人の株主に交付する手続きが行われます。

　　他方，税法上は，株式交換完全親法人は株式の所有者に代わり，その端数の株式を合計し譲渡し，その代金を精算するといった行為を行うだけであり，当

該金銭には株式交換対価の性質はなく，税務上，株式交換完全子法人の株主に対し1株未満の端数に相当する株式を交付したものとして取り扱うこととされています。

※　平成29年10月1日以降に行われる株式交換で株式交換直前に，株式交換完全親法人が株式交換完全子法人の発行済株式の3分の2以上を保有している場合，非支配株主に金銭等を交付しても，他の要件を満たしている場合は，適格株式交換に該当します。

2．実務上の留意点

(1)　配当見合いの株式交換交付金

　税務上，配当見合いの交付金として取り扱うとする旨の要件規定はないため，議事録等に配当見合い金の記載がない場合には，過去の配当実績等から総合的に判断されるものと考えられます。株式交換完全子法人の株主に対し配当見合い金を支払う場合には，株式交換完全親法人から株式交換完全子法人の株主への株式交換交付金として取り扱われないように一般的には議事録等を作成し，区別しておく必要があります。

　（中略）

　3．株主に対する配当財産の割当てに関する事項
　　　令和 × 年○月△日現在の株主名簿に記載されている者に対し，持株1株に対して金▲▲円を支払う。
　4．剰余金の配当がその効力を生ずる日を令和 × 年▲月◎日とする。

---

(2)　反対株主の買取請求に基づく交付金

　株式交換に反対する株主からの買取請求に応ずる場合，株主の課税について，原則としてみなし配当課税，株式譲渡損益課税が生じます（法人税法24①五，法人税施行令23③，所得税法25①五，所得税施行令61，法人税法61の2⑨）。

Q2 -29　株式交換完全子法人の株主に株式交換完全支配親法人の株式交付

　　株式交換完全子法人の株主に交付資産として株式交換完全支配親法人の株式を交付する場合においても，適格株式交換として取り扱うことができると聞きましたが，具体的に教えてください。

【ポイント】

　　交付資産として，株式交換完全支配親法人の株式を交付する場合においても，金銭等不交付要件には抵触せず，それ以外の要件を満たす限りは，適格株式交換として取り扱う。

A　1．内　容

　　株式交換完全子法人の株主に対して，株式交換対価として株式交換完全支配親法人の株式を交付する場合（三角株式交換という）も，金銭等不交付要件に抵触することはありません（法人税法２十二の十七）。したがって，金銭等不交付要件以外の要件を充足する限りにおいて，適格株式交換として取り扱うこととなります。

⑴　通常の場合（株式交換完全親法人株式が対価の場合）

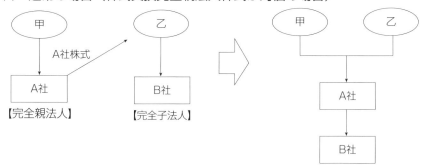

　※　B社（株式交換完全子法人）の株主に対する対価としてA社株式を交付

⑵　三角株式交換の場合

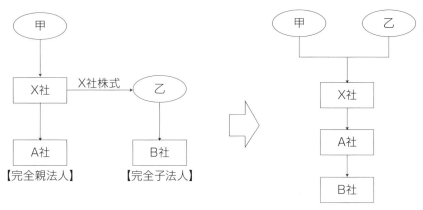

※　B社（株式交換完全子法人）の株主に対する対価として X 社株式（株式交換
　　完全支配親法人株式）を交付

２．実務上の留意点

⑴　譲渡損益の認識（みなし譲渡）

　三角株式交換に伴い，株式交換完全親法人から株式交換完全子法人の株主へ
株式交換完全支配親法人株式を交付する場合には，株式交換完全子法人の株式
は簿価で譲渡が行われるものとして取り扱われます（法人税法61の２⑨）。すな
わち，譲渡損益は認識しません。

　三角株式交換は，株式交換時に株式交換完全親法人が株式交換完全支配親法
人株式を保有していることが必要となります。一方，株式交換契約日に株式交
換完全支配親法人の株式を保有しているときや株式交換契約日後に一定の事由
により移転を受けたときは，その契約日又は移転を受けた日において，当該株
式交換完全支配親法人株式を譲渡し，同日にこれをその価額で取得したものと
みなすこととされています（法人税法61の２㉓，法人税施行令119の11の２②一～
六）。これは適格株式交換，非適格株式交換を問わず適用される規定ですので
留意が必要です。

① 株式交換契約日等	② 株式交付

① 株式交換契約日等

(借) 株式交換完全支配親法人株式　×××　　(貸) 株式交換完全支配親法人株式　×××
　　　　　　　　　　　　　　　　　(時価)　　　　　　　　　　　　　　　　　　(簿価)

※　時価と簿価の差額を譲渡損益として認識

② 株式交付時

(借) 資本金等　　　　　　　　　×××　　(貸) 株式交換完全支配親法人株式　×××
　　　　　　　　　　　　　　　　　(簿価)　　　　　　　　　　　　　　　　　　(簿価)

　上記のとおり，株式交換契約日等において有する株式交換完全支配親法人株式は，いったん譲渡され，ただちにその時の価額で取得したものとみなして，譲渡損益を認識することとなります。

(2)　添付書類

　税務上の適格要件を満たすものとして申告する場合には，確定申告書に株式交換契約書等の写しの添付が必要です（法人税法74③，法人税施行規則35五）。株式交換契約書等の写しの添付がなければ，株式交換完全子法人の株主に対する株式交換の対価として交付された資産の明細が不明であり，金銭等不交付要件を充足するかの判定ができないためです。

Q2 -30 無対価株式交換を行う場合の留意事項

株式交換対価の交付がない，いわゆる無対価株式交換を行う場合に留意すべき事項はありますか。

(ポイント)

● 完全支配関係がある法人間での株式交換の場合には，一定の同一の者による完全支配関係がある場合に限り，適格株式交換に該当する。

● 支配関係がある法人間での株式交換の場合には，当事者間の支配関係又は一定の同一の者による支配関係がある場合に限り，適格株式交換に該当する。

● 共同事業を営むための株式交換を行う場合には，株式交換完全親法人及び株式交換完全支配親法人の発行済株式等の全部を保有する者が株式交換完全子法人の発行済株式等の全部を保有する完全支配関係がある場合に限り，適格株式交換に該当する。

A 株式交換に際し，対価の交付が省略される場合（以下「無対価株式交換」という）の適格要件は次の(1)～(3)の関係の場合のみに限定されています。いずれの場合においても，株式交換直前において100％のグループ内で一定の資本関係が必要となります。

(1) 完全支配関係がある法人間での株式交換の場合

① 同一の者による完全支配関係

　イ　一の者が株式交換完全子法人及び株式交換完全親法人の発行済株式等のすべてを保有する関係（同一者完全支配関係）がある場合（法人税施行令4の3⑱二）

　ロ　株式交換完全親法人及び当該株式交換完全親法人の発行済株式等のすべ
　　てを保有する者が株式交換完全子法人の発行済株式等の全部を保有する関
　　係（親法人完全支配関係）がある場合（法人税施行令4の3⑱二）

⑵　支配関係がある法人間での株式交換の場合

①　当事者間の支配関係

　親法人完全支配関係があり，株式交換後において支配関係が継続することが
見込まれる関係にある法人間での株式交換の場合に限り，適格株式交換とする
ことが可能です（法人税施行令4の3⑲一）。

②　同一の者による支配関係

　同一者完全支配関係又は親法人完全支配関係があり，株式交換後において株
式交換完全子法人と株式交換完全親法人との間に同一の者による支配関係が継
続することが見込まれる関係にある法人間での株式交換の場合に限り，適格株
式交換とすることが可能です（法人税施行令4の3⑲二）。

⑶　共同事業を営むための株式交換を行う場合

　親法人完全支配関係がある法人間での株式交換の場合に限り，適格株式交換
とすることが可能です（法人税施行令4の3⑳）。

Q2 -31 | 適格株式交換における株式交換完全親法人の株式交換完全子法人株式の取得価額，資本金等の額及び利益積立金額の計上に際しての留意点

適格株式交換が行われた場合の，株式交換完全親法人の資産（株式交換完全子法人株式の取得価額），資本金等の額及び利益積立金額の計上にあたって，留意点を教えてください。

(ポイント)

- 組織再編の直前における株式交換完全子法人の株主の数が50人未満である場合と50人以上である場合で株式交換完全子法人株式の取得価額は異なる。
- 株式交換完全親法人は，組織再編の直前における株式交換完全子法人の株主の数が50人未満である場合，株式交換完全子法人株式の取得価額は株式交換完全子法人株式の組織再編直前の税務上の帳簿価額で引き継ぐ。
- 株式交換完全親法人は，組織再編の直前における株式交換完全子法人の株主の数が50人以上である場合，株式交換完全子法人株式の取得価額は株式交換完全子法人の簿価純資産価額で引き継ぐ。
- 株式交換完全親法人は株式交換完全子法人株式の取得価額から一定の交付金銭等の合計額を減算した金額を資本金等の額として計上する。
- 株式交換完全親法人は利益積立金額を引き継がない。

A | ## 1．内 容

株式交換完全親法人は，株式交換の直前における株式交換完全子法人の株主の数が50人未満である場合，株式交換完全子法人の株式を株式交換直前の税務上の帳簿価額で引き継ぎます（法人税施行令119①十イ）。株式交換完全親法人は，株式交換の直前における株式交換完全親法人の株主の数が50人以上である場合，株式交換完全子法人の簿価純資産価額で引き継ぎます（法人

税施行令119①十ロ）。

　また，株式交換完全子法人株式の取得価額から一定の交付金銭等の金額を減算した額を資本金等の額として計上します（法人税施行令8①十，二）。具体的な計算は，次のとおりです。

（借）子会社株式(1)　×××	（貸）資本金(2)　　　　　　　××× 　　　資本金以外の資本金等の額(3)　×××

(1)　子会社株式

　税務上の帳簿価額とは，貸借対照表の金額に別表五（一）において計上されている金額を加算・減算した金額をいいます。

　簿価純資産価額とは，適格株式交換直前の資産の帳簿価額から負債の帳簿価額を減算した金額をいいます。

(2)　資本金

　株式交換により増加する資本金額は，株主総会等で決議された金額となります。

(3)　資本金以外の資本金等の額

　株式交換完全子法人株式の取得価額から一定の交付金銭等の金額を減算した額から上記資本金を減算した金額をいいます。

2．具体例

<前提>

　B社（株式交換完全子法人）は，A社（株式交換完全親法人）と適格株式交換しました。A社は株主総会で，株式交換により増加する資本金を50とすることを決議しています。一定の交付金銭等の合計額は10としています。この場合のA社の株式交換時の仕訳処理と貸借対照表について教えてください。

B社（株式交換直前貸借対照表）

諸資産	300	諸負債	100
		資本金	50
		資本金以外の資本金等の額	50
		利益積立金額	100

※　B社株主において認識されているB社株式の株式交換直前の税務上の帳簿価額は100。

A社（株式交換直前貸借対照表）

諸資産	500	諸負債	250
		資本金	100
		資本金以外の資本金等の額	100
		利益積立金額	50

(1)　株式交換直前におけるB社（株式交換完全子法人）の株主の数が50人未満の場合

〈A社の税務上の仕訳〉

（借）子会社株式	100	（貸）資本金	50
		資本金以外の資本金等の額	40
		交付金銭等	10

　A社（株式交換完全親法人）は，株式交換の直前における株式交換完全子法人の株主の数が50人未満である場合，B社（株式交換完全子法人）の株式を株式交換直前の税務上の帳簿価額で引き継ぎます。すなわち，株式交換完全子法人株式100を取得価額として計上します。A社において増加する資本金は，株主総会で決議された増加資本金額50となります。資本金以外の資本金等の額は，株式交換完全子法人株式100から交付金10を減算した金額から増加資本金額50を減算した金額40となります。

A社（株式交換直前貸借対照表）①

諸資産	590	諸負債	250
		資本金	150
		資本金以外の資本金等の額	140
		利益積立金額	50

⑵　株式交換直前におけるB社（株式交換子法人）の株主の数が50人以上の場合

〈A社の税務上の仕訳〉

（借）子会社株式	200	（貸）資本金	50
		資本金以外の資本金等の額	140
		交付金銭等	10

　A社（株式交換完全親法人）は，株式交換の直前における株式交換完全子法人の株主の数が50人以上である場合，B社（株式交換完全子法人）の株式を簿価純資産価額で引き継ぎます。すなわち，株式交換完全子法人株式200を取得価額として計上します。A社において増加する資本金は，株主総会で決議された増加資本金額50となります。資本金以外の資本金等の額は，株式交換完全子法人株式200から交付金10を減算した金額から増加資本金額50を減算した金額140となります。

A社（株式交換直前貸借対照表）②

諸資産	690	諸負債	250
		資本金	150
		資本金以外の資本金等の額	240
		利益積立金額	50

3．実務上の留意点

⑴　会計と税務の差異

　株式交換に際して，会計上，時価処理であっても，税務上，帳簿価額により受け入れることになりますので，その差額については税務調整が必要となりま

す。

⑵　資本金の増加による取扱いの変更点

　株式交換により株式交換完全親法人の資本金額が１億円を超えることとなる場合，株式交換完全親法人は税務上の中小法人に該当しませんので，下記①の取扱いに留意する必要があります。同様に，株式交換により株式交換完全親法人の資本金額が５億円を超えることとなる場合，株式交換完全親法人と完全支配関係にある株式交換完全子法人等において，下記②の取扱いに留意する必要があります。なお，資本金が増加する場合には，下記③の取扱いにも留意する必要があります。

①　株式交換完全親法人において適用不可となる規定

　　イ　所得金額年800万円までの法人税の軽減税率（法人税法66）

　　ロ　交際費の定額控除限度額（措置法61の４）

　　ハ　貸倒引当金の法定繰入率（法人税法52）

　　ニ　欠損金の繰戻還付（法人税法80，措置法66の13）

　　ホ　欠損金の繰越控除について，控除可能額を限度とする措置の不適用

　　ヘ　留保金課税の不適用（法人税法67）

　　ト　中小企業者等の少額減価償却資産の取得価額の損金算入（措置法67の５）

　　チ　外形標準課税の対象外（地方税法72の２）

　　リ　その他中小法人に対する特例（投資促進税制等）

②　株式交換完全親法人を含む完全支配子法人等において適用不可となる規定

　　イ　所得金額年800万円までの法人税の軽減税率（法人税法66）

　　ロ　交際費の定額控除限度額（措置法61の４）

　　ハ　貸倒引当金の法定繰入率（法人税法52）

　　ニ　欠損金の繰戻還付（法人税法80，措置法66の13）

　　ホ　欠損金の繰越控除について，控除可能額を限度とする措置の不適用

　　ヘ　留保金課税の不適用（法人税法67）

③　その他

　イ　地方税の均等割が増加します。

　ロ　増加した資本金の額に対して0.7%の税率（最低3万円）で登録免許税
　　が課税されます。

Q2 -32 適格株式交換における株式交換完全子法人の税務処理

適格株式交換が行われた場合の株式交換完全子法人の税務処理について教えてください。

(ポイント)

株主の異動が生じるのみであり，課税関係は生じない。

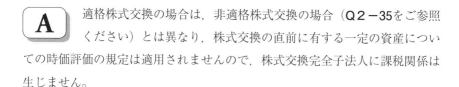 適格株式交換の場合は，非適格株式交換の場合（**Q2−35**をご参照ください）とは異なり，株式交換の直前に有する一定の資産についての時価評価の規定は適用されませんので，株式交換完全子法人に課税関係は生じません。

Q2 -33 適格株式交換における株式交換完全子法人の株主の税務処理

適格株式交換が行われた場合の株式交換完全子法人の株主の税務処理について教えてください。

ポイント

- ●株式交換完全子法人の株主にはみなし配当課税は発生せず，株式交換完全子法人株式の譲渡損益課税も生じない。
- ●適格株式交換により交付を受けた株式交換完全親法人株式の取得価額は，法人株主の場合，旧株式交換完全子法人株式の帳簿価額（個人株主の場合は取得価額）を引き継ぐ。

A 1．概　要

適格株式交換においては株式交換完全子法人の株式を株式交換完全親法人に対して譲渡しているため（発行法人に対する譲渡ではないため），株式交換完全子法人の株主においてみなし配当課税は生じません。

また，適格株式交換であることから，その株式交換による対価は株式交換完全親法人又は株式交換完全支配親法人の株式（新株）のみであるため，株式交換完全子法人の株式（旧株）の譲渡損益は生じません。この取扱いは株式交換完全子法人の株主が，株式交換により旧株を譲渡した場合に，その譲渡対価が新株式のみであるときは，その譲渡対価の額は，株式交換完全子法人の株主が所有していた旧株の株式交換直前の税務上の帳簿価額とするためです（法人税法61の2⑨）。

この場合において，新たに取得することになる新株の取得価額は，法人株主の場合，旧株式交換完全子法人株式の帳簿価額（個人株主の場合は取得価額）を引き継ぐことになります（法人税施行令119①十）。

株主に対する課税をまとめると以下のようになります。

	適格	非適格	
	金銭なし	金銭なし	金銭あり
みなし配当課税	なし	なし	なし
株式譲渡損益課税	なし	なし	あり

2．具体例

＜前提＞

● A社はB社と株式交換をした（この株式交換は適格株式交換に該当する）。

● 株式交換による対価はA社株式のみである。

● B社の株主であるX社は，B社株式を帳簿価額100で保有している。

B社（株式交換直前貸借対照表）

諸資産	500	諸負債	250
		資本金等の額	200
		利益積立金額	50

＜X社の仕訳＞

（借）A社株式	100	（貸）B社株式	100

　株式交換に該当することから，B社の株主であるX社にみなし配当課税は生じません。また，X社に対して交付する株式交換の対価がA社株式のみであるため，X社に株式譲渡損益課税も生じません。

　この場合のX社におけるA社株式の取得価額は，B社株式の帳簿価額100を引き継ぐことになります。

【B社株主が個人の場合】

　法人株主の場合と同様に株主が個人である場合にも，みなし配当課税及び株式譲渡損益課税はありません。

Q2 -34　非適格株式交換における株式交換完全親法人の株式交換完全子法人株式の取得価額，資本金等の額及び利益積立金額の計上に際しての留意点

非適格株式交換が行われた場合の株式交換完全親法人の資産（株式交換完全子法人株式の取得価額），資本金等の額及び利益積立金額の計上にあたって，留意点を教えてください。

ポイント

●株式交換完全子法人株式の取得価額は，時価となる。

●増加する資本金等の額は，株式交換完全子法人株式の取得価額から一定の交付金銭等の合計額を減額した金額となる。

●株式交換完全親法人は，利益積立金額を引き継がない。

A　1．内　容

⑴　株式交換完全子法人株式の取得価額

非適格株式交換が行われた場合の株式交換完全子法人株式の取得価額は，株式交換完全子法人の株主数にかかわらず，株式交換のときにおける株式交換完全子法人株式の取得のために通常要する価額（時価）となります（法人税施行令119①二十七）。

⑵　増加する資本金の額

株式交換により増加する資本金額は，株主総会等で決議された金額となります。

⑶　増加する資本金以外の資本金等の額

株式交換完全子法人株式の取得価額（取得価額に含まれる付随費用の額を除く）から次に掲げる金額を減算した金額とする（法人税施行令8①十）。

① 増加する資本金の額

② 株式交換完全子法人の株主に交付した金銭の額

③ 株式交換完全子法人の株主に交付した株式交換完全親法人株式以外の資産の価額

④ 株式交換完全子法人の株式交換により消滅した新株予約権に代えて株式交換完全親法人の新株予約権を交付した場合の新株予約権の価額（新株予約権に対応する債権を取得する場合には，その債権の価額を減算した金額）

2．具体例

＜前提＞

● B社（株式交換完全子法人）は，A社（株式交換完全親法人）と非適格株式交換を行う。

● B社株式の時価100。

● 株式交換の対価は，A社株式及び株式交換交付金30。

● 増加する資本金の額は50。

● 消滅するB社の新株予約権の代わりに交付するA社の新株予約権の価額は10。

＜A社の税務上の仕訳＞

（借）子会社株式	100	（貸）資本金	50
		資本金以外の資本金等の額	10
		現金	30
		新株予約権	10

非適格株式交換が行われた場合，A社（株式交換完全親法人）における株式交換完全子法人株式の取得価額は時価となります。すなわち，株式交換完全子法人株式100を取得価額として計上します。増加する資本金以外の資本金等の額は，株式交換完全子法人株式100から増加資本金額50及び株式交換交付金30並びにA社新株予約権の価額10を減算した金額10となります。

Q2 -35　非適格株式交換における株式交換完全子法人の税務上の留意点

非適格株式交換が行われた場合の株式交換完全子法人の税務上の留意点を教えてください。

(ポイント)

- ●株式交換の直前に有する一定の資産について時価評価を行う。
- ●時価評価を行う資産とは，固定資産，土地等，有価証券，金銭債権，繰延資産が該当するが，評価損益が一定の金額に満たない資産などは時価評価の対象から除かれる。

A　1．内　容

　非適格株式交換の場合，株式交換の直前に有する一定の資産について時価評価を行います。すなわち，一定の資産に係る評価益又は評価損は，非適格株式交換の日の属する事業年度の益金の額又は損金の額に算入されます（法人税法62の9①）。

2．時価評価資産

　時価評価を行う一定の資産とは，次に掲げる資産です（法人税法62の9①②）。

(1)　固定資産（法人税施行令12，13）

棚卸資産，有価証券，繰延資産以外の資産のうち次に掲げる資産

① 　土地（土地の上に存する権利を含む）

② 　減価償却資産

③ 　電話加入権

④ 　①～③に掲げる資産に準ずる資産

(2) 棚卸資産である土地等（土地の上に存する権利を含む）

(3) 有価証券

(4) 金銭債権

(5) 繰延資産

３．時価評価対象外資産

　上記「２．時価評価資産」に該当した資産であっても，次に掲げる資産に該当する場合には時価評価を行う必要はありません（法人税施行令123の11①）。

(1) 圧縮記帳の適用を受けた減価償却資産（連結納税適用法人特有の規定を除く）

　非適格株式交換の日の属する事業年度開始の日前５年以内に開始した事業年度において以下の圧縮記帳等の適用を受けた資産をいいます。なお，これらの資産は，圧縮記帳による課税繰延べの効果を維持するため，時価評価資産から除かれています。

① 国庫補助金等で取得した固定資産等の圧縮額の損金算入（法人税法42）

② 特別勘定を設けた場合の国庫補助金等で取得した固定資産等の圧縮額の損金算入（法人税法44）

③ 工事負担金で取得した固定資産等の圧縮額の損金算入（法人税法45）

④ 保険金等で取得した固定資産等の圧縮額の損金算入（法人税法47）

⑤ 特別勘定を設けた場合の保険金等で取得した固定資産等の圧縮額の損金算入（法人税法49）

⑥ 転廃業等に係る課税の特例（措置法67の４）

(2) 売買目的有価証券（法人税法61の３①一，法人税施行令119の12）

　売買目的有価証券は，毎事業年度末において時価評価を行うこととなるため，時価評価資産から除かれています。

(3)　償還有価証券

　償還有価証券は，毎事業年度末において調整差損益を認識するため，時価評価資産から除かれています。

(4)　評価損益が一定額未満の資産

　評価損益が①②のいずれか少ない金額未満の資産。
　①　非適格株式交換直前の資本金等の額の2分の1
　②　1,000万円

(5)　帳簿価額が1,000万円未満の資産

　当項目は平成29年10月1日以降に行われる株式交換から適用されます。

4．評価単位

　時価評価は次に掲げる資産の区分に応じた単位ごとに行います。

時価評価対象資産			単　　位
金銭債権			債務者ごと
減価償却資産		建物	1棟ごと（区分所有している場合には区分所有権ごと）
		機械及び装置	一の生産設備又は1台もしくは1基ごと（通常1組又は1式で取引されるものは1組又は1式ごと）
		その他の減価償却資産	上記区分に準じた区分
土地等			1筆ごと（一体として事業の用に供される一団の土地等は，その一団の土地等ごと）
有価証券			銘柄ごと
その他の資産			通常の取引単位ごと

5．具体例

<前提>

● A社を株式交換完全親法人，B社を株式交換完全子法人とする株式交換をする（この株式交換は非適格株式交換に該当する）。

B社（株式交換直前貸借対照表）　　　　　（単位：万円）

棚卸資産	800（900）	諸負債	1,000
建物	1,000（900）	資本金等の額	3,000
土地	2,000（3,500）		
売買目的有価証券	200（100）		

※　カッコ書きは時価

<B社の税務上の仕訳（株式交換仕訳）>

| （借）土地 | 1,500 | （貸）評価益 | 900 |
| | | 未払法人税等 | 600 |

　非適格株式交換に該当することから，B社は時価評価資産について時価評価を行いますので，含み益1,500万円（土地の時価3,500万円－土地の簿価2,000万円＝1,500万円）が評価益として非適格株式交換の日を含む事業年度の所得を構成するとともに，その評価益について法人税等の負担が生じます。

<時価評価の要否の判定>

(1)　棚卸資産

　棚卸資産は，時価評価資産（前記2．参照）に該当しません。

　∴時価評価なし

(2)　建　物

① 　建物は，時価評価資産に該当します。

② 　含み損100万円（簿価1,000万円－時価900万円）が，1,000万円（1,000万円と株式交換直前の株式交換完全子法人の資本金等の額3,000万円×1/2の

いずれか少ない金額）に満たないため，時価評価対象外資産（前記 **3.** 参
照）に該当します。

∴時価評価なし

(3)　土　地

①　土地は，時価評価資産に該当します。

②　土地であるため，前記 **3.** (1)～(3)に該当しません。また，含み益1,500
万円が1,000万円以上であるため，時価評価対象外資産に該当しません。

∴評価益1,500万円計上

(4)　売買目的有価証券

①　有価証券は，時価評価資産に該当します。

②　売買目的有価証券であるため，時価評価対象外資産に該当します。

∴時価評価なし

Q2 -36 完全支配関係の法人間で非適格株式交換を行った場合の税務上の取扱い

完全支配関係がある法人間で非適格株式交換を行った場合の税務上の取扱いを教えてください。

ポイント

非適格株式交換に該当する場合であっても，時価評価を行わない。

A 株式交換の直前に株式交換完全子法人と株式交換完全親法人との間に完全支配関係がある場合には，非適格株式交換を行った場合であっても，時価評価を行いません。これは，完全支配関係のある法人間で行う株式交換であっても，金銭を対価とする場合などには非適格株式交換に該当しますが，グループ内部の取引であるため，時価評価損益の計上を行わないとされています。これは，完全支配関係がある法人間で非適格合併が行われた場合であっても譲渡損益を繰り延べるとされていることとも整合的な取扱いです。

Q2 -37 非適格株式交換が行われたことにより時価評価 された減価償却資産の取扱い

非適格株式交換が行われたことにより，時価評価された減価償却
資産の取扱いについて教えてください。

(ポイント)

● 評価益が計上された場合，従前の取得価額に評価益相当額を加算した金
額を取得価額とみなす。

● 会計上，時価評価益を計上しなかった場合，評価益相当額を過年度の減
価償却超過額とみなす。

● 評価損が計上された場合，取得価額に影響を及ぼさないが，評価損相当
額を減価償却累計額に加算する。

A 1. 内　容

非適格株式交換による時価評価が行われたことにより，減価償却
資産の帳簿価額が増減した場合の減価償却限度額の計算方法は次のとおりです。

(1) 評価益が計上された場合

評価益が計上されたことにより減価償却資産の帳簿価額が増額した場合，減
価償却の基礎となる取得価額は，従前の取得価額に評価益相当額を加算した金
額を取得価額とみなして，減価償却限度額計算を行います（法人税施行令54⑥）。

また，会計上時価評価益を計上しなかった場合，税務上の簿価と会計上の簿
価に差額が生じることとなります。当該差額は，過年度の減価償却超過額とみ
なし（法人税法31⑤，法人税施行令61の4五），株式交換が行われた事業年度以
後の事業年度で償却不足額があった場合に認容されることとなります。

⑵　評価損が計上された場合

　評価損が計上されたことにより減価償却資産の帳簿価額が減額した場合，減価償却累計額に評価損相当額を含めて，減価償却限度額計算を行います（法人税施行令48②）。

２．具体例

⑴　評価益が計上された場合

① 前 提

- ●償却方法……定額法
- ●耐用年数…… 5 年（償却率0.2）
- ●取得価額……2,000万円
- ●減価償却累計額……1,000万円
- ●非適格株式交換直前の会計上及び税務上の帳簿価額
  ……取得価額2,000万円 − 減価償却累計額1,000万円 ＝ 1,000万円
- ●非適格株式交換による時価評価額……2,500万円
- ●会計上の減価償却費計上額……400万円
- ●会計上の評価益計上額…… 0 円

② 非適格株式交換を行った事業年度の減価償却限度額

　取得価額3,500万円（従前の取得価額2,000万円＋税務上の評価益相当額1,500万円＝3,500万円）×0.2＝減価償却限度額700万円

③ 過年度の減価償却限度超過額

　税務上の評価益相当額1,500万円 − 会計上の評価益相当額 0 円＝減価償却限度超過額1,500万円

④ 非適格株式交換を行った事業年度の減価償却超過認容額

　減価償却限度額700万円 − 会計上減価償却額400万円
　＝償却不足額300万円＜過年度減価償却超過額1,500万円

∴減価償却超過認容額300万円

〈株式交換前〉　　　　　　　〈株式交換後〉

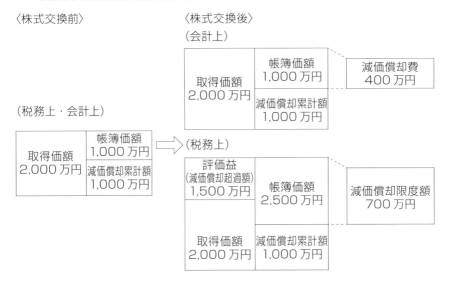

⑵　評価損が計上された場合

①　前　提

- ●償却方法……200％定率法
- ●耐用年数……4 年（償却率0.5，改定償却率1.0，保証率0.12499）
- ●取得価額……5,000万円
- ●減価償却累計額……2,500万円
- ●非適格株式交換直前の会計上及び税務上の帳簿価額
  ……取得価額5,000万円－減価償却累計額2,500万円＝2,500万円
- ●非適格株式交換による時価評価額……1,300万円
- ●会計上の減価償却費計上額……1,250万円
- ●会計上の評価損計上額…… 0 円

②　非適格株式交換を行った事業年度の減価償却限度額

　｛取得価額5,000万円－減価償却累計額3,700万円（非適格株式交換直前の減価償却累計額2,500万円＋税務上の評価損相当額1,200万円）｝×償却率0.5＝減価償

却限度額650万円

③　非適格株式交換を行った事業年度の減価償却限度超過額

　会計上減価償却費計上額1,250万円 − 減価償却限度額650万円

　＝減価償却超過額600万円

〈株式交換前〉　　　　　　　　　〈株式交換後〉

（会計上）

取得価額5,000万円	帳簿価額2,500万円	減価償却費1,250万円
	減価償却累計額2,500万円	

（税務上・会計上）

取得価額5,000万円	帳簿価額2,500万円
	減価償却累計額2,500万円

（税務上）

取得価額5,000万円	帳簿価額1,200万円	減価償却限度額650万円
	評価損1,300万円	
	減価償却累計額2,500万円	

Q2 -38 非適格株式交換における株式交換完全子法人の株主の取扱い

非適格株式交換が行われた場合の株式交換完全子法人の株主の取扱いを教えてください。

(ポイント)

- ●株式交換における株主課税は，適格非適格に左右されず，株式交換完全親法人株式以外の資産の交付の有無によって決定される。
- ●株式交換の対価として株式交換完全親法人の株式のみの交付を受ける場合，譲渡損益に対する課税が繰り延べられ，株式交換完全親法人株式の取得価額は株式交換完全子法人株式の帳簿価額を引き継ぐ。
- ●株式交換の対価として株式交換完全親法人の株式以外の資産の交付を受ける場合，譲渡損益を計上し，株式交換完全親法人株式の取得価額は株式交換時の時価となる。
- ●みなし配当は生じない。

A 1．内　容

(1)　譲渡損益の認識

　株式交換における株主に対する課税は，株式交換が適格・非適格のいずれに該当するかにかかわらず，株式交換完全子法人の株主に対して交付される対価の種類によって決定されます。対価が株式交換完全親法人株式のみである場合には，株主に対する課税が繰り延べられます。株主が法人である場合には，株式交換完全子法人株式の簿価譲渡が行われたものとして譲渡損益を計上しません（法人税法61の2⑨）。株主が個人である場合には，株式交換完全子法人株式の譲渡がなかったものとみなされます（所得税法57の4①）。対して，対価に現金などの株式交換完全親法人株式以外の資産が含まれている場合には，時価譲渡が行われたものとして譲渡損益を計上します。

⑵ 株式交換完全親法人株式の取得価額

　株式交換完全親法人株式の取得価額は，株式交換の対価が株式交換完全親法人株式のみである場合には，株式交換完全子法人株式の帳簿価額を引き継ぎます（法人税施行令119①九）。対して，株式交換の対価に現金などの株式交換完全親法人株式以外の資産が含まれている場合には，株式交換時における株式交換完全親法人株式の取得のために通常要する価額（時価）となります（法人税施行令119①二十七）。

　なお，株式移転完全親法人株式の取得に要した費用がある場合，取得価額に加算することとなります。

⑶ みなし配当

　非適格株式交換が行われた場合であっても，非適格合併等と異なり，みなし配当は生じません（法人税法24）。これは，非適格合併等の場合には，被合併法人の利益積立金額の払戻しをみなし配当として認識するのに対して，非適格株式交換の場合には，株式交換完全子法人において利益積立金額の払戻しが行われないためです。

２．具体例

＜前提①＞

- ●B社（株式交換完全子法人）は，A社（株式交換完全親法人）と非適格株式交換を行う。
- ●A社は，B社株式を受け取る対価として，A社株式のみを交付する。
- ●B社の株主C社におけるB社株式の帳簿価額は100。

＜C社の税務上の仕訳＞

（借）A社株式	100	（貸）B社株式	100

　株式交換の対価が株式交換完全親法人株式のみであるため，譲渡損益を認識しません。また，株式交換完全親法人株式の取得価額は，株式交換完全子法人

株式の帳簿価額100を引き継ぎます。

<前提②>

- B社（株式交換完全子法人）は，A社（株式交換完全親法人）と非適格株式交換を行う。
- A社は，B社株式を受け取る対価として，A社株式（時価120）と現金30を交付する。
- B社の株主C社におけるB社株式の帳簿価額は100。

<C社の税務上の仕訳>

| （借）A社株式 | 120 | （貸）B社株式 | 100 |
| 現金 | 30 | 譲渡益 | 50 |

　株式交換の対価に株式交換完全親法人株式以外の資産である現金が含まれているため，譲渡益50（譲渡対価であるA社株式時価120＋現金30－B社株式簿価100）を認識します。また，株式交換完全親法人株式の取得価額は，株式交換完全子法人株式の時価120となります。

Q2 -39 | 消費税

株式交換を行う場合に，消費税について留意すべき点があれば教えてください。

ポイント

- ●株式交換完全子法人の株主が，株式交換により株式を渡す行為は，資産の譲渡等取引に該当するため，課税売上割合の計算上，分母の額に算入する。
- ●株式交換完全親法人が，株式交換により株式を渡す行為は，資本等取引に該当するため，消費税の計算上，加味しない。

 株式交換完全子法人の株主は，株式交換により株式交換完全親法人に対して，株式交換完全子法人株式を譲渡しますが，消費税法上，有価証券等の譲渡は非課税取引に該当します（消費税法6①，消費税法別表第一・二）。

株式交換完全子法人の株主が法人株主の場合，課税売上割合が引き下がることで，消費税額の計算上は不利になります。特に，課税売上高が5億円以下で，課税売上割合が95％以上ある法人で，株式交換実行の結果，当該割合が95％未満になれば，課税仕入れに係る消費税を全額控除できず，個別対応方式又は一括比例方式により控除すべき消費税を計算することになります（消費税法30②）。

一方，株式交換完全親法人は株式交換完全子法人株式の取得と引き換えに株式を発行することとなりますが，当取引は消費税の計算に影響を与えません。

Q2 -40　登録免許税

　株式交換を行う場合に，その他の税金（登録免許税）について留意すべき点があれば教えてください。

(ポイント)

　株式交換により資本金が増加した場合，登記に伴う登録免許税が課税される。

 　株式交換完全親法人の資本金の増加に係る登録免許税は，

　資本金の額× 7 ／1,000（最低金額： 3 万円）

となります（登録免許税法別表第一24（一）ニ）。

Q2 -41 | 繰越欠損金
繰越欠損金の処置について教えてください。

(ポイント)

● 株式交換完全親法人における株式交換完全子法人の繰越欠損金の引継ぎは認められていない。

● 適格合併の場合のような繰越欠損金の使用制限は課されていない。

 株式交換は株主構成を変更する組織再編の手法であるため，株式交換完全子法人の繰越欠損金を株式交換完全親法人に引き継ぐことは認められておりません。

また，適格合併の場合と異なり，株式交換において繰越欠損金の使用制限は課されていません。

ただし，株式交換完全子法人の繰越欠損金を不当に利用するために株式交換が行われ，特定の株主等によって支配された欠損等法人の欠損金の繰越しの不適用の規定が適用される場合（法人税法57の2①）は，株式交換完全子法人の繰越欠損金の使用は制限されますので注意が必要です。

Q2 -42 法人税確定申告書の添付書類

株式交換に係る法人税確定申告書の添付書類について教えてください。

(ポイント)

　株式交換完全親法人及び株式交換完全子法人において，株式交換を実施した事業年度の法人税確定申告書に株式交換契約書及び組織再編成に係る主要な事項の明細書の添付が必要となる。

A　株式交付制度の創設に伴い，株式交換を実施した場合には株式交換を実施した事業年度において，株式交換完全親法人及び株式交換完全子法人のそれぞれの法人税確定申告書に，株式交換契約書及び組織再編成に係る主要な事項の明細書の添付が必要となります。

Q2 -43 税務上の届出

株式交換に係る税務上の届出について教えてください。

(ポイント)

　株式交換完全親法人において，資本金が増加した場合には，遅滞なく，異動届出（法人税・地方税）の提出が必要となる。

A　株式交換を実施した結果，株式交換完全親法人の資本金の額が増加した場合には，遅滞なく，異動届出（法人税・地方税）の提出が必要となります。なお，株式交換完全子法人においては，株主が変更するだけであり，届出の提出は必要ありません。

Q2 -44　株式交換後の減資手続き

減資手続きを行うことによる均等割への影響について教えてください。

ポイント

● 株式交換により，会計上の資本金・資本準備金，税務上の資本金等の額がそれぞれ増加する。

● 地方税の均等割は，会計上の資本金＋資本準備金と税務上の資本金等の額のいずれか大きい金額を基準として，税額が算定される。

● 株式交換を実施した結果，会計上の資本金＋資本準備金＞税務上の資本金等の額となっている場合，無償減資を行うことで，会計上の資本金・資本準備金をその他資本剰余金へ振り替え，会計上の資本金＋資本準備金＜税務上の資本金等の額とすることで，税務上の資本金等の額により，均等割の税率区分の判定を行うことが可能となる。

A 　株式交換の実施時に，債権者保護手続きを行わず，会計上，資本金・資本準備金が増加（株式交換の取得の対価に相当する金額）し，税務上，税制適格株式交換に該当し，株式交換直前における株式交換完全子法人の株主の数が50人未満であるため，株式交換直前の株式交換完全子法人株式の税務上の帳簿価額で引き継いだ場合，会計上の資本金＋資本準備金＞税務上の資本金等の額に該当し，結果として，均等割の負担が高額になってしまうケースがあります。会計上の取得の対価の算定方法は **Q2−17**，増加する払込資本の金額は **Q2−19**，税務上の増加する資本金等の額は **Q2−31**をご参照ください。

　このような場合，債権者保護手続き及び株主総会特別決議を経て，無償減資を実施することにより，資本金・資本準備金をその他資本剰余金へ振替え，会計上の資本金＋資本準備金＜税務上の資本金等の額とすることで，税務上の資本金等の額により，均等割の税率区分の判定を行うことが可能となります。

第 3 章

株式移転

第1節　株式移転の手続き

Q3 -1　株式移転の具体的な手続きとスケジュール

株式移転の具体的な手続きとそのスケジュールを教えてください。

（ポイント）

　株式移転の手続きの概略は，次のとおりである。

① 取締役会の承認決議

② 株式移転計画の作成

③ 事前開示書類の備置き

④ 株主総会による承認決議

⑤ 債権者保護手続き

⑥ 株主の株式買取請求

⑦ 新株予約権者の新株予約権買取請求

⑧ 株券・新株予約権証券提出手続き

⑨ 公正取引委員会への届出

⑩ 金融商品取引法上の届出

⑪ 登録株式質権者・登録新株予約権質権者への公告・通知

⑫ 事後開示書類の備置き

⑬ 登記

　上記手続きは，同時並行で行うことも可能である。

株式移転のスケジュールは次のとおりです。

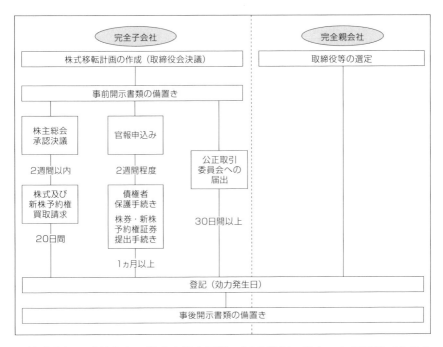

　株式移転の手続きも，株式交換と同様，同時並行で行うことが可能であるため，取締役会において株式移転計画の作成をしてから，最短で1ヵ月半程度で行うこともできます。

Q3 -2 株式移転計画書

株式移転計画書について教えてください。

(ポイント)

- ●株式移転を行う当事会社は，株式移転計画書を作成する必要がある。
- ●株式移転計画書には，必ず記載しなければならない事項が定められている。

 株式移転を行う当事会社は，株式移転計画書を作成する必要があります（会社法772）。株式移転は1又は2以上の株式会社により行われますが，当事会社が2以上である場合には，この株式移転計画書を共同で作成する必要があります。

株式移転計画書には，必ず記載しなければならない事項が定められています。当該事項が記載されていない場合には，行った株式移転が無効とされる原因となるため，注意が必要です。

株式移転計画書に必ず記載しなければならない事項は，次のとおりです（会社法773①）。

- ●設立する完全親会社の目的，商号，本店の所在地及び発行可能株式総数
- ●完全親会社の定款で定める事項
- ●完全親会社の設立時の取締役の氏名
- ●完全親会社が会計参与設置会社，監査役設置会社又は会計監査人設置会社である場合には，設立時の各役職者の氏名又は名称
- ●株式移転により完全子会社の株主に対し交付する対価及びその割当て
  ① 対価が完全親会社の株式の場合，株式の数又はその算定方法並びに組み入れる資本金及び準備金の額
  ② 対価が完全親会社の社債の場合，社債の種類及び金額又はその算定方法
  ③ 対価が完全親会社の新株予約権の場合，新株予約権の内容及び数又はその算定方法
  ④ 対価が完全親会社の新株予約権付社債の場合，②と③の事項

　完全子会社の新株予約権に代えて完全親会社の新株予約権を交付する場合には，次の事項を株式移転計画書に記載する必要があります。

　株式交換と同様，完全子会社の新株予約権を有する者がいる場合には，株式移転の際にその新株予約権に代えて完全親会社の新株予約権を交付するのが望ましいと考えられます。

---

①　交付の対象となる完全子会社の新株予約権の内容
②　交付する完全親会社の新株予約権の内容及び数又はその算定方法
③　交付の対象となる完全子会社の新株予約権が新株予約権付社債である場合には，完全親会社が当該新株予約権付社債に係る債務を承継する旨並びにその承継する社債の種類及び金額又はその算定方法
④　交付する完全親会社の新株予約権の割当てに関する事項

　株式移転計画書には，株式移転の効力が生ずる日を記載する必要はありません。株式移転は，完全親会社を設立し，完全親子会社関係を構築する組織再編行為であることから，完全親会社の設立登記の日が，株式移転の効力が生ずる日と考えられるためです。

Q3-3 取締役会決議

取締役会の決議について教えてください。

ポイント

　株式移転を行う場合，取締役会の承認が必要となる。

 取締役会の決議については，株式交換を行う場合と同様ですので詳細については，Ｑ２－３をご参照ください。

Q3 -4 | 事前開示書面

事前開示書面について教えてください。

ポイント

　完全子会社は，一定の期間，株式移転計画書や当事会社の計算書類など
の書類を本店に備え置く必要がある。

 　株式移転は，会社組織の変更であるため，当事会社の株主や債権者
に重要な影響を与えることになります。

　そのため，株式移転の手続きにおいて，株主には株主総会での議決権，株
式・新株予約権の買取請求，債権者には債権者の異議申述権などの権利が認め
られています。当事会社は，株主と債権者が株式移転の適否を適切に判断でき
るよう，必要な書類を事前に開示する必要があります。

　事前に開示する主な書面は次のとおりです（会社法803①，会社法施行規則
206）。

<完全子会社の事前開示書類>
- 株式移転計画書
- 次の事項を記載又は記録した書面
  ① 完全親会社が交付する対価の相当性に関する事項
  ② 完全親会社が交付する新株予約権の定めの相当性に関する事項
  ③ 他の完全子会社の計算書類等に関する事項
  ④ 完全子会社の重要な後発事象等の内容及び計算書類等に関する事項
  ⑤ 株式移転について異議を述べることができる債権者がいる場合には，株
　式移転の効力発生日以後における完全親会社へ承継された当該債権者に対
　する債務の履行の見込みに関する事項
  ⑥ 事前開示書類等の備置開始日から株式移転の効力発生日までに，①～⑤
　の事項に変更が生じたときは，変更後の事項

　上記書面の開示期間は，次に掲げる日の一番早い日から，完全親会社設立の

日以後6ヵ月を経過する日までとなります（会社法803②）。

> ＜完全子会社＞
> ①　株式移転の承認に係る株主総会日の2週間前の日
> ②　株主に株式移転を行う旨等を通知した日又は公告した日のいずれか早い日
> ③　新株予約権者に株式移転を行う旨等を通知した日又は公告した日のいずれか早い日
> ④　債権者に対する個別の催告又は公告の日のいずれか早い日
> ⑤　①～④の手続きが不要な場合には，株式移転計画書作成の日から2週間を経過した日

Q3 -5 | 株主総会決議
株主総会の決議について教えてください。

(ポイント)

　株式移転をする場合には，株主総会において株式移転計画書の承認を受ける必要がある。

　株式移転を行う場合には，完全親会社の設立登記の日の前日までに，株主総会の特別決議をもって株式移転計画書の承認を受ける必要があります（会社法804①）。

　株主総会の特別決議については，**Ｑ２－５**をご参照ください。

Q3 -6 債権者保護手続き

債権者保護手続きについて教えてください。

ポイント

● 債権者保護手続きの対象となる債権者

　完全子会社の新株予約権付社債が，株式移転により完全親会社に承継される場合には，当該新株予約権付社債を有する者は株式移転に対して異議申出を行うことが認められている。

● 具体的な手続き

　債権者保護手続きの対象となる債権者がいる場合には，公告及び知れている債権者への個別催告を行う必要がある。

● 異議申出があった場合の会社の対応

　債権者が異議を述べた場合，会社は原則として債権者に弁済等をする必要がある。

A ＜債権者保護手続きの対象となる債権者＞

　株式移転において，債権者保護手続きの対象となる債権者は，完全親会社が完全子会社の新株予約権付社債を承継する場合におけるその新株予約権付社債を有する者になります（会社法810）。

　具体的な手続き等は，株式交換における完全子会社の債権者保護手続きと同様になりますので詳細については，**Ｑ２－６**をご参照ください。

Q3 -7 株式買取請求制度

株主の株式買取請求制度について教えてください。

(ポイント)

●株式買取請求制度の概要

　株式移転に反対する株主は，所定の期間内に，当事会社に対し株式買取請求を行うことができる。

●株式買取請求を行うことができる株主

　完全子会社のすべての株主。

●株主への通知

　イ　株式買取請求の対象となる株主がいる場合，会社は所定の日までに株式移転に関する事項を株主に通知する必要がある。

　ロ　イの例外として，会社が公開会社である等一定の場合には，公告を行うことにより株主への個別通知を省略することができる。

●株式の買取価格

　イ　会社は「公正な価格」で株式を買い取ることになる。

　ロ　効力発生日から30日以内に協議が調わなかった場合には，その後30日以内に裁判所へ株式買取価格決定の申立てをすることができる。

A　1．株式買取請求制度の概要

　株式移転を行う場合，当該株式移転に反対する株主については，当事会社に対し自己が所有している株式を買い取るよう請求することができます（会社法806①）。これは，株主にとっても影響の大きい株式移転という再編行為について，反対する株主への投資回収の機会を与えることにより，株主保護を行うことを目的としています。

　なお，この株式買取請求権の行使期間は，「株主への通知の日もしくは公告の日から20日以内」に限定されています（会社法806⑤）。

２．対象となる株主の範囲

株式買取請求を行うことができる反対株主は，次のとおりです（会社法806②）。

- 株主総会に先立って株式移転に反対する旨を当事会社に通知し，かつ，当該株主総会において当該株式移転に反対した株主
- 当該株主総会において議決権を行使することができない株主

３．会社から株主への通知

当事会社は株式移転計画書の承認を得た株主総会の決議日から２週間以内に，その株主に対し，次の事項を通知する必要があります（会社法806③）。この通知を公告に代えることも可能です（会社法806④）。

- 株式移転をする旨
- 他の完全子会社及び完全親会社の商号及び住所

株主への通知は，株主総会の開催前に行うことも可能です。

また，通知の方法は会社法上特に規定されていませんので，書面のみならず口頭での通知でも可能です。ただし，後日問題とならないよう，書面で通知を行うことが一般的です。

４．株式の買取価格

株式の買取価格については，Ｑ２－７をご参照ください（会社法807）。

Q3-8　新株予約権の買取請求制度

新株予約権の買取請求制度について教えてください。

（ポイント）

完全子会社の新株予約権者のうち一定の者については，新株予約権の買取請求が認められる。

A　1．完全子会社の新株予約権者

完全子会社の新株予約権者のうち，次に掲げる者については，自己が所有する新株予約権を完全子会社に買い取るよう請求することができます（会社法808①三）。

---

① 株式移転に伴い完全親会社の新株予約権の交付を受ける者のうち，交付を受ける新株予約権の内容が当初の条件と合致しない者
② 「株式移転を行う場合には完全親会社の新株予約権の交付を受ける」旨の定めがある新株予約権者で，完全親会社の新株予約権の交付を受けない者
③ 「株式移転を行う場合には完全親会社の新株予約権の交付を受ける」旨の定めがない新株予約権者で，完全親会社の新株予約権の交付を受ける者

---

①の新株予約権者については自身が所有する新株予約権の内容に変動が生じること，②と③の新株予約権者については，交付に関する定めがあるにもかかわらず当該定めに則った取扱いがなされないことにより，それぞれ不利益の生じるおそれがあることから，買取請求が認められています。

2．買取請求の方法

完全子会社は，買取請求の対象となる新株予約権者に，株式移転計画書の承認を得た株主総会の決議日から2週間以内に，次の事項を通知する必要があります（会社法808③）。なお，当該通知を公告に代えることも可能です（会社法808④）。

① 株式移転をする旨
② 他の完全子会社及び完全親会社の商号及び住所

　新株予約権者のうち，買取請求を希望する者は，「株主への通知の日もしくは公告の日から20日以内」に完全子会社に対し，買取請求をする必要があります（会社法808⑤）。

Q3 -9 | 株券・新株予約権証券提出手続き

株券・新株予約権証券提出手続きについて教えてください。

(ポイント)

　完全子会社が株券発行会社又は新株予約権証券の発行会社である場合には，株式移転の効力発生日までに完全子会社が発行する株式に係る株券又は新株予約権証券を提出しなければならない旨を公告し，各別にこれを通知しなければならない。

　株券・新株予約権証券の提出手続きについては，株式交換を行う場合と同様ですので，詳細については，**Q2－9**をご参照ください。

Q3 -10 組織再編の差止請求制度

組織再編の差止請求制度について教えてください。

ポイント

　株式移転により不利益を受けるおそれがある完全子会社の株主は，発行会社に対し，組織再編の差止請求を行うことができる。

　組織再編の当事会社である完全子会社の株主が不利益を受けるような問題のある株式移転が行われる場合には，株主は発行会社に対して，組織再編の差止請求を行うことができます（会社法805の2）。

【差止請求を行えるケース】
① 実行する株式移転が法令又は定款に違反する場合

　なお，①の法令違反には，取締役の忠実義務違反や対価の不相当性は含まれないと解されています。

Q3 -11 | 公正取引委員会への届出

公正取引委員会への届出について教えてください。

(ポイント)

　株式移転により，完全親会社となる会社と完全子会社となる会社が一定規模以上である場合には，公正取引委員会に対し事前に届出が必要となる。

 　公正取引委員会への届出については，株式交換を行う場合と同様ですので詳細については，**Q2−11**をご参照ください。

　なお，共同株式移転（2以上の株式会社が行う株式移転）で，一定規模以上の場合には，共同株式移転に関する計画届出書を公正取引委員会に届け出る必要があります。

　ただし，グループ内の共同株式移転など一定の場合には，不要となります。

Q3 -12 | 金融商品取引法上の届出
金融商品取引法上の届出について教えてください。

(ポイント)

　金融商品取引法の適用を受ける会社は，臨時報告書や有価証券届出書を提出する必要がある。

　金融商品取引法上の届出については，株式交換を行う場合と同様ですので詳細については，**Ｑ２－12**をご参照ください。

Q3 -13 事後開示書面
事後開示書面について教えてください。

(ポイント)

　　完全親会社及び完全子会社は，完全親会社の成立の日から6ヵ月間，一定の書類等を本店に備え置く必要がある。

 　　完全親会社及び完全子会社は，完全親会社の成立の日から6ヵ月間，次の書類等を共同で作成し，本店に備え置かなければなりません（会社法811①②，815③，会社法施行規則210）。

- 完全親会社が取得した完全子会社の株式数
- 株式移転の効力が生じた日
- 差止請求，株式買取請求，新株予約権買取請求，債権者保護手続きの経過に関する事項
- その他株式移転に関する重要な事項

Q3 -14 | 株式移転に係る登記

株式移転に係る登記について教えてください。

(ポイント)

- ●完全親会社は，設立登記を行う必要がある。
- ●登記申請の際には，株式移転計画書のほかにいくつか添付書類がある。
- ●登記の際には，登録免許税が課される。

 1．登記手続き

　完全親会社は，次に掲げる日のいずれか遅い日から2週間以内に設立登記をその本店の所在地において行う必要があります（会社法925）。

　完全子会社は，株式交換と同様，通常，登記手続きは生じませんが，完全子会社の新株予約権に対し完全親会社の新株予約権が対価として交付された場合には，新株予約権の消滅による登記が必要となります。

- ● 株式移転計画書の承認を得た株主総会の決議日
- ● 種類株主総会の決議を要するときは，その決議日
- ● 株式買取請求に係る通知日もしくは公告日から20日を経過した日
- ● 新株予約権買取請求に係る通知日もしくは公告日から20日を経過した日
- ● 債権者保護手続きが終了した日
- ● 株式移転の当事会社が定めた日

2．登記申請書類の添付書類

　完全親会社の登記申請書類には，次の書類を添付しなければなりません（商業登記法90）。

- ●株式移転計画書
- ●定款
- ●株主名簿管理人を置いたときは，その者との契約を証する書面

- 設立時取締役が設立時代表取締役を選定したときは，これに関する書面
- 設立しようとする株式会社が委員会設置会社であるときは，設立時執行役の選任並びに設立時委員及び設立時代表執行役の選定に関する書面
- 会社法の規定により選任された又は選定された設立時取締役，設立時監査役及び設立時代表取締役が就任を承諾したことを証する書面
- 設立時会計参与又は設立時会計監査人を選任したときは，就任を承諾したことを証する書面及びこれらの者が法人であるときは，当該法人の登記事項証明書（ただし，当該登記所の管轄区域内に当該法人の主たる事務所がある場合を除く），これらの者が法人でないときは，資格者であることを証する書面
- 特別取締役による議決の定めがあるときは，特別取締役の選定及びその選定された者が就任を承諾したことを証する書面
- 資本金の額の計上に関する書面
- 完全子会社の登記事項証明書（ただし，当該登記所の管轄区域内に完全子会社の本店がある場合を除く）
- 完全子会社の株式移転計画の承認があったことを証する書面
- 債権者保護手続きに関する書面
- 完全子会社が株券発行会社である場合には，株券の提出に関する公告及び通知をしたことを証する書面
- 完全子会社が新株予約権を発行している場合には，新株予約権の提出に関する公告をしたことを証する書面又は新株予約権を発行していないことを証する書面
- 代表取締役の印鑑証明
- 委任状（代理人による申請の場合）

　完全子会社の登記申請書類には，次の書類を添付する必要があります。なお，完全子会社の本店所在地を管轄する登記所が完全親会社と異なる場合には，完全親会社の本店所在地を管轄する登記所を経由して登記申請を行う必要があります（商業登記法91）。

● 代表取締役の印鑑証明

● 委任状（代理人による申請の場合）

3. 登録免許税

株式移転を行った際の登記については，登録免許税が課されます。

詳細については，**Q3－40**をご参照ください。

第2節　株式移転の会計

Q3 -15 株式移転における個別財務諸表上の会計処理の概要

株式移転を行う際，各当事者において必要となる，個別財務諸表上の会計処理の概要を教えてください。

ポイント

- ●株式移転は「株式移転完全親会社」と「株式移転完全子会社の株主」との間の行為である。
- ●新設される「株式移転完全親会社」においては，取得する株式移転完全子会社の株式の取得価額の計算が必要となる。また，株式移転完全子会社の株主に株式移転完全親会社の株式等の割当てが行われるため，増加する払込資本の金額の計算が必要となる。
- ●「株式移転完全子会社の株主」においては，株式移転完全子会社の株式の譲渡損益の計算が必要となる。また，見返りに取得する株式移転完全親会社の株式等の取得価額を計算する必要がある。
- ●「株式移転完全子会社」においては，①自己株式又は他の株式移転完全子会社の株式を保有している場合，②税制非適格の株式移転となる場合において会計処理が必要となる。

1．株式移転の概要

　株式移転とは，1又は2以上の株式会社がその発行済株式の全部を新たに設立する株式会社に取得させることをいいます（会社法2三十二）。1の株式会社が行う株式移転を単独株式移転，2以上の株式会社が行う株式移転を共同株式移転といいます。

　新たに設立される発行済株式の全部を取得する会社（以下，「株式移転完全

142

親会社」という）を P 社，発行済株式の全部を取得される会社（以下，「株式
移転完全子会社」という）を S1社，S2社とした場合，共同株式移転は次図の
ように，P 社が S1社株主から S1社株式を，S2社株主から S2社株式を受け入れ，
見返りに P 社株式を割り当てる行為をいいます。この行為により S1社及び S2
社は P 社という共通の100％親会社を設立することができます。

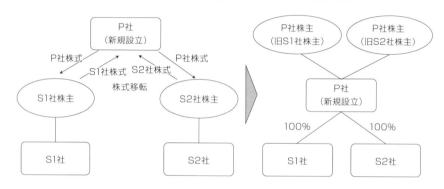

2．株式移転完全親会社（P社）の会計処理の概要

　P 社は株式移転のなかで新設されます。P 社は，S1社株主及び S2社株主か
ら，S1社株式，S2社株式を受け入れるため，これらの株式の取得価額を算定
する必要があります。この株式移転完全子会社株式（S1社株式，S2社株式）
の取得価額の算定方法についてはQ3−17，Q3−18をご参照ください。

　またあわせて，P 社は S1社株主，S2社株主に新株発行を行います。新株発
行時に増加する P 社の払込資本の額は，S1社株式，S2社株式の取得価額相当
額となり，増加させる払込資本の内訳の決定が必要となります。株式移転完全
親会社の払込資本の増加額，内訳の算定方法についてはQ3−20をご参照く
ださい。

3．株式移転完全子会社の株主（S1社株主，S2社株主）の会計処
　理の概要

　S1社株主，S2社株主は，所有していた S1社株式，S2社株式と P 社株式を交
換するため，交換時に損益を認識するかがポイントとなります。株式移転完全

子会社の株主において交換損益を認識するか否かの判定基準は，**Q3−25**をご参照ください。

4．株式移転完全子会社（S1社，S2社）の会計処理の概要

S1社，S2社においては株主の変動が生じるにすぎず，株式移転前後で資産・負債に何ら変化は生じません。そのため原則として，株式移転時に会計処理が行われることはありません。

なお，株式移転の効力発生日の前日に，S1社，S2社が自己株式を保有している場合，又は，他の株式移転完全子会社となる会社の株式を保有している場合（S1社がS2社株式を保有している場合又はその逆の場合），株式移転時にP社株式（親会社株式）への振替えが必要です。振替えに係る具体的な処理については**Q3−24**をご参照ください。

また，株式移転が税制非適格の株式移転に該当する場合，株式移転完全子会社が保有する一定の資産について，税務上時価評価が行われます（税務における時価評価の詳細については**Q3−35**を参照）。しかし，税務上時価評価される場合であっても，会計上時価評価はされません。そのため，税制非適格の株式移転に該当し，時価評価が行われる場合には，一時差異（会計と税務の帳簿価額の差異）が生じ，税効果会計の適用により繰延税金資産・負債の計上が必要となることがあります。

Q3 -16 株式移転完全親会社の会計処理の概要

株式移転を行った際，株式移転完全親会社における会計処理の概要について教えてください。

(ポイント)

- ●株式移転完全親会社が取得する株式移転完全子会社株式の取得価額の算定方法は，株式移転が「取得」，「共通支配下の取引」のいずれに該当するかで異なる。
- ●いずれかの株式移転完全子会社が支配を獲得する株式移転は，「取得」に該当する。
- ●グループ内の会社同士で行われる支配の移転がない株式移転は，「共通支配下の取引」に該当する。
- ●単独株式移転は「共通支配下の取引」に準じて会計処理を行う。

A 株式移転完全親会社の会計処理は，株式移転が「取得」に該当するか，「共通支配下の取引」に該当するかで異なります。そのため，株式移転完全親会社の会計処理を考える上では，株式移転がいずれの分類に該当するかの判定が重要となります。

(1) 取得に該当する株式移転の概要

取得とは，ある企業が他の企業に対する支配を獲得することをいいます。いずれかの株式移転完全子会社が，結合当事企業に対する支配を獲得する株式移転は取得に該当します。なお，支配を獲得したか否かの判断は，連結会計基準の考え方及び以下の要素を総合的に勘案して行います（企業結合会計基準18～22）。

【取得企業の判定要素】

> ① 総体としての株主が占める相対的な議決権比率の大きさ
> ② 関連会社にあたる程度の重要な議決権比率を有する株主の存在
> ③ 結合後企業の取締役会の支配の状況
> ④ 株式交換の際のプレミアム
> ⑤ 結合当事企業の相対的規模の著しい相違の有無

　取得に該当する株式移転の例として，支配関係のない会社同士で行う共同株式移転で，いずれかの会社が支配を獲得する株式移転があげられます。具体的には，下図のように支配関係がない S1社と S2社が共同株式移転を行い，株式移転後に旧 S1社株主が P 社に対する議決権の80％を占める場合には，S1社が P 社の支配を通じて S2社の支配を獲得していると考えられ，当該株式移転は取得に該当すると考えられます。

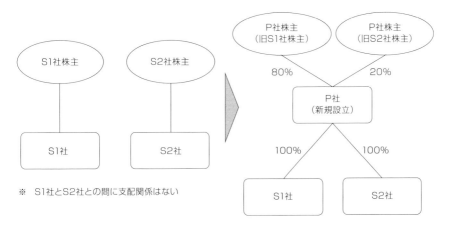

※　S1社とS2社との間に支配関係はない

　取得に該当する場合，支配を獲得したと考えられる株式移転完全子会社を取得企業，それ以外の株式移転完全子会社を被取得企業として，取得の会計処理を行います。

　共同株式移転が取得に該当する場合の株式移転完全子会社株式の取得価額の算定方法は，**Q3−17**をご参照ください。

(2) 共通支配下の取引に該当する株式移転の概要

　共通支配下の取引とは，株式移転に係る企業のすべてが株式移転の前後で同一の株主により最終的に支配され，かつ，その支配が一時的ではない場合の株式移転をいいます。具体的には，親会社と子会社又は子会社同士のように支配関係のある会社同士の共同株式移転が該当します。また，単独株式移転についても共通支配下の取引に準じて処理することとされています。

① 親会社と子会社の共同株式移転のケース

　S1社とS2社が共同して株式移転を行い，100％親会社であるP社を設立する株式移転です。株式移転の前後でS1社株主の支配が継続しているため，共通支配下の取引に該当します。

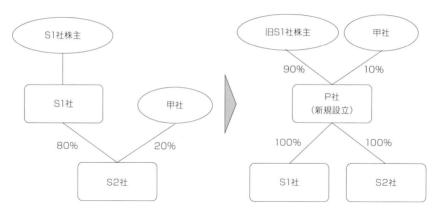

② 子会社同士の共同株式移転のケース

　S1社とS2社が共同して株式移転を行い，中間持株会社であるP社を設立する株式移転です。株式移転の前後でX社の支配が継続しているため，共通支配下の取引に該当します。

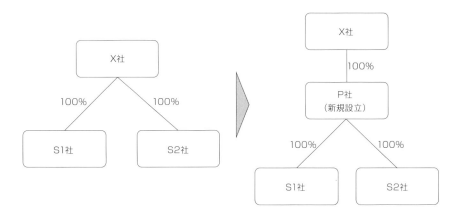

③　単独株式移転のケース

　S社が単独で株式移転を行い，100％親会社であるP社を設立する株式移転です。単独株式移転は，企業又は事業の統合を伴わないため，企業結合に該当しない取引ですが，企業集団内における組織再編であることから，共通支配下の取引に準じて処理することとされています。

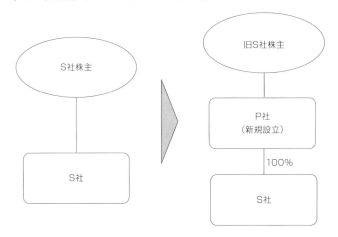

　共通支配下の取引に該当する場合の株式移転完全子会社株式の取得価額の算定方法は，**Q3−18**をご参照ください。

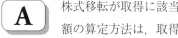

取得の株式移転における株式移転完全親会社が取得する株式移転完全子会社株式の取得価額の算定方法

取得に該当する共同株式移転を行った際，株式移転完全親会社が取得する株式移転完全子会社の株式の取得価額の算定方法を教えてください。

(ポイント)

● 株式移転が取得に該当する場合，株式移転完全親会社は，取得企業の株式と被取得企業の株式に区分した上で，株式交換完全子会社株式の取得価額を算定する。

● 取得企業の株式は，株式移転直前における取得企業の適正な帳簿価額による株主資本の額に基づき算定する。

● 被取得企業の株式は，取得の対価となる財の時価に取得に直接要した支出額を加算して算定する。

A 株式移転が取得に該当する場合，株式移転完全子会社株式の取得価額の算定方法は，取得企業となる株式移転完全子会社の株式と被取得企業となる株式移転完全子会社の株式とで異なります。

(1) 取得企業株式の取得価額の算定方法

取得に該当する株式移転において，株式移転完全親会社は，取得企業となる株式移転完全子会社の株式の取得価額を，株式移転直前の取得企業の適正な帳簿価額による株主資本の額に基づいて算定します（企業結合会計基準115，企業結合適用指針121(1)）。

株式移転直前とは，原則は株式移転日の前日とされていますが，原則による場合と重要な差異がない場合には，直近の決算日の数値を用いることも簡便的

な取扱いとして認められています。ここで重要な差異がない場合とは，直近の決算日から株式移転日の前日までの間に，多額の増資，自己株式の取得等の資本取引や，重要な減損損失の認識がないなど，適正な帳簿価額による株主資本の額に重要な変動が生じていないと認められる場合です（企業結合適用指針404-3）。

(2)　被取得企業株式の取得価額の算定方法

①　個別財務諸表上の取扱い

取得に該当する株式移転において，株式移転完全親会社の個別財務諸表上，被取得企業となる株式移転完全子会社の株式の取得価額を，取得の対価となる財の時価に付随費用を加算して算定します（企業結合適用指針121(2)）。

取得の対価となる財の時価をどのように算定するかは，取得企業となる株式移転完全子会社が上場会社であるか，未上場会社であるかによって異なります。

　イ　上場会社である場合

取得企業となる株式移転完全子会社が上場会社である場合には，当該子会社の株式の市場価格をもって算定します。市場価格の算定にあたっては終値を優先適用し，終値がなければ気配値（売り気配の最安値又は買い気配の最高値。いずれも公表されている場合は仲値）を適用します。算定基準日に終値も気配値も公表されていない場合には，直近において公表された終値又は気配値を適用します（金融商品会計に関する実務指針60）。

　ロ　未上場会社である場合

取得企業となる株式移転完全子会社が未上場会社である場合には，当該子会社の株式の時価として合理的に算定された価額が得られる場合には，企業結合日における当該価額をもって算定します。合理的に算定された価額とは，経営陣の合理的な見積りに基づく価額をいい，算定方法には類似会社比準方式，割引将来キャッシュフロー方式があります（金融商品会計に関する実務指針54）。

なお，当該子会社の株式の合理的に算定された価額が得られない場合には，被取得企業となる株式移転完全子会社の株式の企業結合日における合理的に算

定された価額を用いて算定します。

　被取得企業となる株式移転完全子会社の株式の合理的に算定された価額も得られない場合には，被取得企業の時価純資産額を基礎にして時価を算定します。

　なお，取得の対価となる財の時価は，株式移転完全子会社（被取得企業）の株主が，株式移転完全親会社に対する実際の議決権比率と同じ比率を保有するのに必要な数の株式移転完全子会社（取得企業）の株式を，株式移転完全子会社（取得企業）が交付したものとみなして算定します。

②　連結財務諸表上の取扱い

　連結財務諸表上，取得に直接要した支出額（株式移転を成立させるために取得企業が外部のアドバイザーに支払った交渉や株式の交換比率の算定のための報酬等）は発生事業年度の費用として処理されます（企業結合会計基準26）。よって個別財務諸表上，株式移転完全子会社株式の取得価額を構成する付随費用は，連結手続上で費用に振り替える処理を行います。

Q3 -18　共通支配下の株式移転における株式移転完全親会社が取得する株式移転完全子会社株式の取得価額の算定方法

共通支配下の取引に該当する株式移転を行った際，株式移転完全親会社が取得する株式移転完全子会社の株式の取得価額の算定方法を教えてください。

(ポイント)

● 株式移転が共通支配下の取引に該当する場合には，外部の非支配株主から取得する株式を除き，株式移転日の前日における適正な帳簿価額による株主資本の額に基づいて，取得価額を算定する。

● 外部の非支配株主から取得した株式移転完全子会社株式は，取得の対価となる財の時価に取得に直接要した支出額を加算して，取得価額を算定する。

A　共通支配下の取引に該当する株式移転の場合，株式移転完全親会社は，株式移転日の前日における株式移転完全子会社の適正な帳簿価額による株主資本の額に基づいて，取得した株式移転完全子会社株式の取得価額を算定するのが基本です。ただし，株式移転完全子会社にグループ外の非支配株主が存在していた場合，当該非支配株主から取得する株式移転完全子会社株式については，取得の対価となる財の時価に付随費用を加算して，取得価額を算定します。Q3－16(2)に記載した共通支配下の取引のケースごとに説明すると以下のとおりです。

(1) 親会社と子会社の共同株式移転のケース

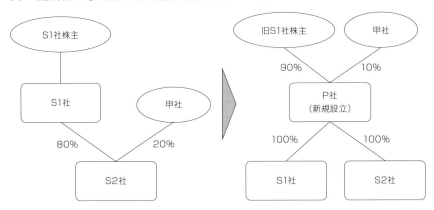

　S1社とS2社が共同して株式移転を行い，100％親会社であるP社を設立する株式移転の場合，株式移転完全親会社（P社）は，S1社（旧親会社）株主からS1社株式を，S1社及び甲社からS2社株式を受け取ります。

　この場合，まずS1社（旧親会社）株式は，株式移転完全子会社となるS1社（旧親会社）の株式移転日の前日における適正な帳簿価額による株主資本の額に基づいて，取得価額を算定します。

　次にS2社（旧子会社）株式は，株式移転日の前日における持分比率に基づき，旧親会社持分相当額（80％）と非支配株主持分相当額（20％）に区分します。その上で，旧親会社持分相当額（80％）は，S1社株式と同様に，S2社（旧子会社）の株式移転日の前日における適正な帳簿価額による株主資本の額に基づいて，取得価額を算定します。

　また，非支配株主持分相当額（20％）は，取得の対価となる財の時価（S2社（旧子会社）の非支配株主に交付した株式移転完全親会社の株式の時価相当額）に付随費用を加算して，取得価額を算定します。

　なお，株式移転完全親会社の株式の時価相当額は，S2社（旧子会社）の株主が株式移転完全親会社に対する実際の議決権比率と同じ比率を保有するのに必要なS1社（旧親会社）の株式の数を，S1社（旧親会社）が交付したものとみなして算定します。

(2)　子会社同士の共同株式移転のケース

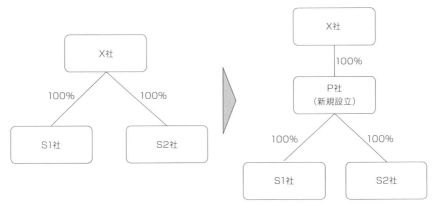

　S1社とS2社が共同して株式移転を行い，中間持株会社であるP社を設立する株式移転の場合，株式移転完全親会社（P社）は，株式移転完全子会社（S1社，S2社）の株式の取得価額を，株式移転完全子会社（S1社，S2社）の株式移転日の前日における適正な帳簿価額による株主資本の額に基づいて算定します。

(3)　単独株式移転のケース

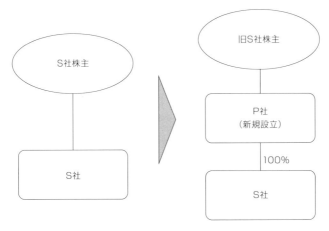

　S社が単独で株式移転を行い，100％親会社であるP社を設立する株式移転の場合，株式移転完全親会社（P社）は，株式移転完全子会社（S社）の株式

の取得価額を，株式移転完全子会社（S社）の株式移転日の前日における適正
な帳簿価額による株主資本の額に基づいて算定します（企業結合適用指針258,
239(1)①ア）。

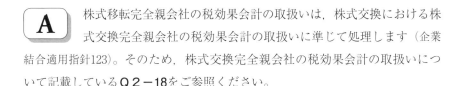

**Q3
-19**　取得した株式移転完全子会社株式の一時差異に
対する税効果

株式移転によって取得した株式移転完全子会社株式に一時差異が
生じました。当該一時差異に対して税効果を認識すべきでしょうか。

(ポイント)

● 株式移転時に生じた株式移転完全子会社株式に係る一時差異については，
原則として税効果を認識しない。

● 予測可能な期間に子会社株式を売却する予定がある場合等は，税効果を
認識する。

A　株式移転完全親会社の税効果会計の取扱いは，株式交換における株
式交換完全親会社の税効果会計の取扱いに準じて処理します（企業
結合適用指針123）。そのため，株式交換完全親会社の税効果会計の取扱いにつ
いて記載している**Q2−18**をご参照ください。

Q3 -20 株式移転完全親会社が増加させる払込資本の金額及び内訳

株式移転を行った際，株式移転完全親会社が増加させる払込資本の金額及び内訳はどのように決まるのか教えてください。また，払込資本の内訳を検討する際に留意すべきことがあれば教えてください。

(ポイント)

- 株式移転完全親会社において増加すべき株主資本の額は，子会社株式の取得の対価の額と同額となる。

- 増加する払込資本の内訳は，株式移転計画の定めに従い決定する。なお利益剰余金を増加させることはできない。

- 資本金の金額を検討する際は，登録免許税及び中小企業特例と呼ばれる税務上の優遇措置に留意する必要がある。

A ## 1．払込資本の増加額について

株式移転完全親会社において増加する払込資本の金額（株主資本等変動額）は，取得の対価に相当する金額となります（企業結合適用指針122）。

2．払込資本の増加額の内訳について

払込資本の増加額の内訳は，株主資本等変動額の範囲内で，株式移転完全子会社が株式移転計画の定めに基づき自由に定めることができます。変動するのは払込資本（資本金，資本剰余金）のみで，利益剰余金の額を増加させることはできません。

また，株主資本等変動額が零（ゼロ）未満の場合には，当該額をその他利益剰余金の額とし，資本金，資本剰余金及び利益準備金の額は零（ゼロ）とします（会社計算規則52②）。

3．払込資本の増加額の内訳を決定する上での留意点

　払込資本の増加額の内訳を決定する上で留意すべき点は，株式交換と同様ですので，詳細は **Q2－19** をご参照ください。

Q3-21 | 共同株式移転における株式移転完全親会社の連結財務諸表上の会計処理の概要

取得に該当する共同株式移転を行った際の株式移転完全親会社の連結財務諸表上の会計処理の概要を教えてください。

ポイント

● 株式移転が取得に該当する場合には，被取得企業の株式は時価で取得し，資産・負債を時価で受け入れるため，投資と資本の相殺の際にのれんが生じるケースがある。

● 株式移転が取得に該当する場合には，連結財務諸表上の資本金は株式移転完全親会社の資本金とする。当該金額と株式移転直前の取得企業の資本金が異なる場合，差額を資本剰余金へ振り替える。

A 株式移転完全親会社の連結財務諸表における会計処理は，以下のとおり，株式移転完全子会社が，取得企業，被取得企業のいずれに該当するかによって異なります。

(1) 取得企業である株式移転完全子会社に係る会計処理

取得企業である株式移転完全子会社の資本は，適正な帳簿価額で計上され，また，**Q3-17**(1)に記載したとおり，投資額（取得原価）は，株式移転直前の取得企業の適正な帳簿価額による株主資本の額となります。投資と資本のいずれも取得企業の適正な帳簿価額を基礎とした金額で計算されるため，投資と資本の相殺の際に消去差額は生じません。よって，取得企業に係るのれんが生じることはありません（企業結合適用指針124(1)）。

なお，連結財務諸表上の資本金は，株式移転完全親会社の資本金の金額を用います。株式移転直前の取得企業である株式移転完全子会社の資本金と株式移転完全親会社の資本金が異なる場合には，当該差額を資本剰余金に振り替えます。

(2)　被取得企業である株式移転完全子会社に係る会計処理

　被取得企業である株式移転完全子会社の資本は，株式移転日における識別可能資産・負債の時価の差額で計上します。また，**Q3−17**(2)に記載したとおり，投資額（取得原価）は，取得の対価となる財の時価によって計算した金額となります。投資と資本の相殺において消去差額が生じた場合には，当該差額は，のれんとして処理します（企業結合適用指針124(2)）。

Q3 -22　取得の株式移転の設例

　A社は，支配関係がないB社との間で共同株式移転を行い，HDを設立しました。株式移転後に，旧A社株主が株式移転完全親会社の議決権の80%を占める予定であり，当該株式移転は，A社を取得企業とする取得に該当します。株式移転完全親会社であるHDの会計処理を教えてください。

＜前提＞

- A社の発行済株式数は400株である。
- B社の発行済株式数は200株である。
- A社株式1株にHD株式が1株交付され，B社株式1株にHD株式が0.5株交付される。
- 株式移転日のA社株式1株当たりの時価は5とする。
- HDの株式発行数は500株とする。
- HDは資本金を250とし，残額を資本剰余金とする。

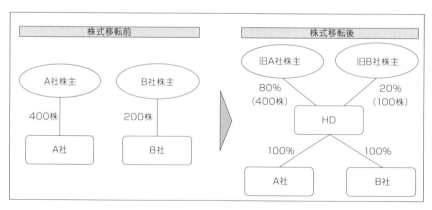

【株式移転直前のA社の貸借対照表】

（借）諸資産	100	（貸）資本金	200
土地	500	利益剰余金	400

【株式移転直前のB社の貸借対照表】

（借）諸資産	50	（貸）資本金	80
土地	100	利益剰余金	70

※　B社が保有する土地の時価は250とします。

（ポイント）

● 個別財務諸表において，取得企業であるA社株式をA社の株式移転直前の株主資本の額で計上し，被取得企業であるB社株式を取得の対価とみなすA社株式の時価で計上する。

● 連結財務諸表において，取得企業であるA社の資産及び負債は時価評価しない。

● 連結財務諸表において，被取得企業であるB社の資産及び負債は時価評価し，投資と資本の消去差額をのれんとして処理する。

● 連結財務諸表上の資本金はHDの資本金の額とし，当該金額と株式移転直前における取得企業であるA社の資本金が異なる場合，差額を資本剰余金とする。

(1)　HDの個別財務諸表上の会計処理

　　HDの個別財務諸表における会計仕訳は下記のとおりとなります。

（借）A社株式	600	（貸）資本金	250
B社株式※	500	資本剰余金	850

※　B社株主がHDに対する実際の議決権比率と同じ比率を保有するのに必要な数のA社株式をA社が交付したとみなして算定します。

200株×0.5÷（400株×1 ＋200株×0.5）＝0.2

500株×0.2×@5＝500

(2) 連結財務諸表上の会計処理

① A社に関する会計処理

（借）諸資産	100	（貸）A社株式	600
土地※1	500		
資本剰余金※2	400	利益剰余金	400

※1　土地は時価評価されません。

※2　HDの連結財務諸表上，A社（取得企業となる株式移転完全子会社）の利益
剰余金を引き継ぐため，株式移転前のA社の利益剰余金相当額（400）を資本
剰余金から利益剰余金に振り替えます。

② B社に関する会計処理

（借）諸資産	50	（貸）B社株式	500
土地	250		
のれん	200		

※　土地は時価評価されます。

③ 連結財務諸表

（借）諸資産	150	（貸）資本金	250
土地	750	資本剰余金	450
のれん	200	利益剰余金	400

Q3 -23 | 共通支配下の株式移転の設例

C社は，80％子会社であるD社との間で共同株式移転を行い，HDを設立しました。当該株式移転は，共通支配下の取引に該当します。株式移転完全親会社であるHDの会計処理を教えてください。

＜前提＞

- ●C社の発行済株式数は320株である。
- ●D社の発行済株式数は1,000株である。
- ●C社株式1株にHD株式が0.5株交付され，D社株式1株にHD株式が0.04株交付される。
- ●株式移転時のHD株式の時価は1株当たり5とする（株式移転日のC社株式の時価により算定）。
- ●HDの株式発行数は200株とする。
- ●HDは資本金を200とし，残額を資本剰余金とする。

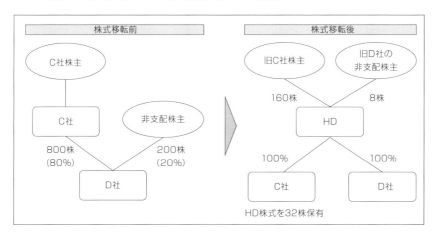

【株式移転直前のC社の貸借対照表】

（借）諸資産	120	（貸）資本金	200
D社株式	80	利益剰余金	400
土地	400		

【株式移転直前のD社の貸借対照表】

(借) 諸資産	50	(貸) 資本金	100
土地	100	利益剰余金	50

【株式移転直前のC社の連結貸借対照表】

(借) 諸資産	170	(貸) 資本金	200
土地	500	利益剰余金	440
		非支配株主持分	30

(ポイント)

- 個別財務諸表において，C社株式及びD社株式のC社持分相当額（80%）の金額は，各社の帳簿価額による株主資本の額で算定する。D社株式の非支配株主持分相当額（20%）の金額は，HD株式の時価で算定する。
- 連結財務諸表において，C社株式の取得原価とC社の株主資本を相殺する。また，D社株式の取得原価とD社の株主資本を相殺し，消去差額は，のれんに計上する。
- C社がD社株式と交換に受け入れたHD株式は，連結財務諸表上，自己株式に振り替える。
- 連結財務諸表におけるHDの株主資本の額は，株式移転直前の連結財務諸表上の株主資本項目に非支配株主との取引により増加した払込資本の額を加算する。

(1) HDの個別財務諸表上の会計処理

　　HDの個別財務諸表における会計仕訳は次のとおりとなります。

（借）C社株式	600	（貸）資本金	200
D社株式（80％相当）※1	120	資本剰余金	560
D社株式（20％相当）※2	40		

※1　D社の適正な帳簿価額による株主資本の額で算定。
※2　D社の非支配株主に交付したHD株式の時価相当額。

(2)　C社の個別財務諸表上の会計処理

C社の個別財務諸表における会計仕訳は下記のとおりとなります。

| （借）HD株式 | 80 | （貸）D社株式 | 80 |

(3)　HDの連結財務諸表上の会計処理

HDの連結財務諸表における会計仕訳は下記のとおりとなります。

| （借）資本金 | 200 | （貸）C社株式 | 600 |
| 利益剰余金 | 400 | | |

（借）資本金	100	（貸）D社株式	160
利益剰余金	50		
のれん	10		

（借）自己株式	80	（貸）HD株式	80
資本剰余金（※）	400	利益剰余金（C社）	400
資本剰余金（※）	40	利益剰余金（D社）	40

※　HDの株主資本の額は，株式移転直前の連結財務諸表上の株主資本項目に，非支配株主との取引により増加した払込資本の額を加算します（企業結合適用指針240(3)）。

(4) 株式移転直後の貸借対照表

【HD の貸借対照表】

(借)	C 社株式	600	(貸)	資本金	200
	D 社株式	160		資本剰余金	560

【株式移転直後の C 社の貸借対照表】

(借)	諸資産	120	(貸)	資本金	200
	HD 株式	80		利益剰余金	400
	土地	400			

【株式移転直後の D 社の貸借対照表】

(借)	諸資産	50	(貸)	資本金	100
	土地	100		利益剰余金	50

【株式移転直後の HD の連結貸借対照表】

(借)	諸資産	170	(貸)	資本金	200
	土地	500		資本剰余金	120
	のれん	10		利益剰余金	440
				自己株式	△80

Q3 -24 株式移転完全子会社が自己株式又は他の株式移転完全子会社の株式を保有している場合の取扱い

株式移転直前に株式移転完全子会社が自己株式を保有している場合の取扱いを教えてください。また，共同株式移転において，株式移転完全子会社が他の株式移転完全子会社の株式を保有している場合の取扱いを教えてください。

(ポイント)

● 株式移転直前に株式移転完全子会社が自己株式を保有している場合，株式移転により取得する親会社株式の取得原価は時価とし，自己株式の帳簿価額との差額をその他資本剰余金に計上する。

● 株式移転直前に株式移転完全子会社が他の株式移転完全子会社の株式を保有している場合，対価が株式のみで投資が継続していると判断される場合には，株式移転直前の他の株式移転完全子会社の帳簿価額を親会社株式の取得原価とする。

A ## 1．自己株式を保有している場合

　株式移転の直前に株式移転完全子会社が自己株式を保有している場合，株式移転日に当該自己株式と株式移転完全親会社の株式が交換されます。そのため，株式移転完全子会社は，株式移転日において自己株式を親会社株式に振り替える必要があります。

　株式移転完全子会社が受け入れる株式移転完全親会社株式の取得価額は，親会社が付した子会社株式の取得価額を基礎として算定します。具体的には従前の自己株式の帳簿価額を用いるのではなく，株式移転完全親会社株式の時価を用います。時価を用いるのは，以下の理由からです（企業結合適用指針447-3）。

　①　株式移転前に自己株式を消却することもできるため，株式移転日に自己株式を保有するかどうかは当事者の意思決定の結果に依存しており，会計

　上，共通支配下の取引として処理する必然性がない。

②　資本控除されている自己株式が，親会社株式という資産に置き換わることになるため，連続性がない。

　なお，親会社株式の取得原価と自己株式の帳簿価額との差額は，自己株式処分差額としてその他資本剰余金に計上します（企業結合適用指針238-3）。

2．株式移転完全子会社が他の株式移転完全子会社の株式を保有している場合

　共同株式移転において，株式移転完全子会社が他の株式移転完全子会社の株式を保有している場合，株式移転日に当該他の株式移転完全子会社株式と株式移転完全親会社の株式が交換されます。そのため，保有している株式移転完全子会社は，株式移転日において他の株式移転完全子会社株式を親会社株式に振り替える必要があります。

　株式移転完全子会社が受け入れた株式移転完全親会社株式の取得価額は，対価が株式のみであり，投資が継続していると考えられる場合には，株式移転直前の他の株式移転完全子会社の帳簿価額により算定し，交換損益は認識されません（Q3−25参照）。

Q3 -25 株式移転完全子会社の株主の会計処理の概要

株式移転を行った際の株式移転完全子会社の株主の会計処理の概要について教えてください。

ポイント

● 受取対価が株式のみであり，投資が継続しているものとみなすことができる場合には，交換損益は認識しない。

● 受取対価に現金が含まれる場合，又は，受取対価が株式のみであっても株式移転前後で投資が継続しているといえない場合には，交換損益を認識する。

1．会計処理の概要

　株式移転完全子会社の株主の会計処理は，株式移転完全子会社に関する投資が継続していると判定されるか否かにより異なります。

　投資が継続していると判定される場合は，株式移転前に保有していた株式の適正な帳簿価額に基づき，新たに取得した株式の帳簿価額を算定し，交換損益は認識しません。

　これに対して，投資が継続していないと判定される場合は，株式の時価をもって新たに取得した株式の帳簿価額を算定し，引き渡した株式の帳簿価額との差額を交換損益として認識します。

2．投資の継続について

　株式移転完全子会社に関する投資が継続しているか否かの判定は，受取対価及び株式交換後の株式移転完全親会社に対する支配の状況から判定します。

(1)　受取対価が現金等の財産のみである場合

　受取対価が現金等の場合，原則として投資は継続していない（清算された）とみなされます。その場合，受け取った現金等の財産の時価と株式移転完全子

会社の株式の適正な帳簿価額との差額が，交換損益として認識されます（事業分離会計基準35～37）。

(2)　受取対価が株式のみである場合

　受取対価が株式のみの場合，株式移転完全子会社に関する投資を株式移転完全親会社を通じて引き続き行っていると考えられるため，投資が継続しているとみなされます。よって原則として，交換損益は認識されません。ただし，株式移転前に株式移転完全子会社が関係会社（子会社又は関連会社）であったのに対し，株式移転後の株式移転完全親会社が関係会社ではない場合には，受取対価が株式のみであっても投資が清算されたとみなされます。その場合，株式移転完全親会社株式を時価で取得したものとされ，交換損益が認識されるため注意が必要です（事業分離会計基準38～44）。

(3)　受取対価が現金等の財産と株式の場合

　現金等の財産が含まれる場合には，投資が清算されたとみなされ，交換損益が認識される場合があります（事業分離会計基準45～47）。

第3節　株式移転の税務

Q3 株式移転に関する税制の全体像
-26

株式移転の具体的な手続きとそのスケジュールを教えてください。

(ポイント)

● 株式移転をする場合には，原則として，株式移転完全子法人が所有する
一定の資産について時価評価を行う（非適格株式移転）。

● 企業グループ内の株式移転など，一定の要件を満たす場合には，株式移
転完全子法人が所有する資産について時価評価を行わない（適格株式移
転）。

● 株式移転完全子法人，株式移転完全親法人，株式移転完全子法人の株主
における課税関係を整理しておく必要がある。

A 1. 株式移転税制の概要

　　株式移転に関する税制は，平成11年度税制改正において租税特別
措置として創設されました。その後，平成18年度税制改正において，合併など
と同様に組織再編税制の1つとして法人税法に規定されました。

　株式移転をする場合，原則的には，非適格株式移転に該当するものとして，
株式移転完全子法人が有する一定の資産（詳細は**Q3−35**，**Q2−35**をご参
照ください）について時価評価を行い，含み損益を計上することとされていま
す。株式移転は株式取得によって会社財産を間接的に取得できる点で，直接的
に会社財産を取得する合併と類似する行為とみることができますので，類似す
る行為に対して異なる課税を行うと，組織再編成の手法選択に歪みをもたらし
かねない等の問題が生じます。よって，非適格合併の場合に，被合併法人の資
産について譲渡損益が計上されることとの整合性を図るために，株式移転完全
子法人が有する一定の資産について時価評価を行い，含み損益を計上すること
とされています。

　しかし，株式移転完全子法人の株主による支配が継続していると認められる場合（詳細は**Ｑ３－27～Ｑ３－29**をご参照ください）には，適格株式移転として扱われ，時価評価を行いません。

　株式移転をする場合には，「株式移転完全子法人」，「株式移転完全親法人」，「株式移転完全子法人の株主」について，それぞれ適格株式移転・非適格株式移転の場合で課税関係が異なります。

　それぞれの課税関係を簡単にまとめますと以下のとおりとなります。

(1)　株式移転完全子法人の課税関係

　株式移転をする場合には，原則として，株式移転完全子法人が有する固定資産，土地等，有価証券，金銭債権及び繰延資産（これらの資産のうち帳簿価額が1,000万円に満たないもの，含み損益が資本金等の額の２分の１又は1,000万円のいずれか少ない金額に満たないもの等を除く）について時価評価を行います（法人税法62の９，法人税施行令123の11）。したがって，株式移転完全子法人において，上記資産に係る含み損益が実現します。

　一方，適格株式移転の場合には，株式移転完全子法人が有する資産について時価評価を行いませんので資産の含み損益が株式移転時に実現せず，含み損益に対する課税が繰り延べられることとなります。

　なお，株式移転をする場合に，その株式移転を適格株式移転として取り扱うか否かは納税者が自由に選択できるものではなく，適格株式移転となるための要件を満たしていれば強制的に適格株式移転となりますので注意が必要です（詳細は，**Ｑ３－32**，**Ｑ３－35**をご参照ください）。

(2)　株式移転完全親法人の課税関係

　株式移転完全親法人は，適格株式移転であるか非適格株式移転であるか，適格株式移転に該当する場合には株式移転完全子法人の株主数により株式移転完全子法人株式の受入価額及び増加する資本金等の額が異なります（詳細は**Ｑ３－31**，**Ｑ３－34**をご参照ください）が，株式移転完全子法人株式の受入れについては，いずれの場合も法人税の課税は生じません。

(3)　株式移転完全子法人の株主の課税関係

　株式移転完全子法人の株主が，旧株に代えて新株以外の資産，すなわち株式移転交付金等の交付を受ける場合には，その時点で株に対する投資が，いったん清算されたものとして扱われ，旧株の株式譲渡損益について課税がされます。反対に，旧株に代えて新株のみの交付を受ける場合には投資は継続しているものとして扱われ，株式譲渡益課税はありません（法人税法61の2⑪。詳細はＱ3-33，Ｑ3-38をご参照ください）。

　なお，株式移転が非適格である場合であっても，合併等の場合と異なりみなし配当は生じません（法人税法24）。

2．適格株式移転となるための要件の概要

　適格株式移転となるのは，下記のとおり，企業グループ内で株式移転をする場合や，共同で事業を営む場合の株式移転で一定の要件を満たす場合が該当します（法人税法2十二の十七）。

(1)　企業グループ内の株式移転

　①　株式移転完全親法人と株式移転完全子法人との間に完全支配関係がある場合の株式移転

　②　株式移転完全親法人と株式移転完全子法人との間に支配関係がある場合の株式移転

(2)　株式移転完全親法人と株式移転完全子法人が共同して事業を営む株式移転

　詳細についてはＱ3-29をご参照ください。

Q3 -27 完全支配関係のある法人間での株式移転の適格要件

完全支配関係がある法人間で行う株式移転の適格要件を教えてください。

ポイント

● 一の法人のみがその株式移転完全子法人となる株式移転，同一者による完全支配関係がある場合の株式移転の適格要件として，金銭等不交付要件，株式継続保有要件がある。

● 適格株式移転の後に適格合併が見込まれている場合には，株式継続保有要件が緩和される。

A

1．内 容

完全支配関係がある場合の株式移転は，その実態は一体と考えられる法人同士が株式移転するものと考えられます。完全支配関係がある法人間で株式の移転があった場合においても，その前後での支配は変わらないものと考えられます。

完全支配関係とは，一の者が法人の発行済株式等の全部を直接もしくは間接に保有する関係（以下，「直接完全支配関係」）又は一の者との間に直接完全支配関係がある法人相互の関係（以下，「同一者による完全支配関係」）をいいます（法人税法2十二の七の六）。

なお，完全支配関係の判定において，使用人を組合員とする従業員持株会が保有する株式及びストックオプションを付与された法人の役員等がその行使により取得した株式の占める割合が，自己株式を除く発行済株式総数の5％未満である場合には，これらの株式を除外して完全支配関係に該当するかどうかを判定します（法人税施行令4の2②）。

一の法人のみがその株式移転完全子法人となる株式移転，同一者による完全

支配関係がある場合の株式移転は，以下のとおり適格株式移転に該当するための要件があります。

① 金銭等不交付要件（法人税法２十二の十八）

　移転する株式移転完全子法人株式の対価として株式移転完全親法人株式以外の資産の交付がないこと。

② 株式継続保有要件（法人税法２十二の十八，法人税施行令４の３㉑）

　株式移転後において完全支配関係が継続すると見込まれていること。

なお，同一の者が個人である場合には，当該個人と特殊の関係のある者(※)を含めて持分の判定を行います。

（※）特殊の関係のある者とは，以下に掲げる者をいいます（法人税施行令４①）。

　　イ　当該個人の親族

　　ロ　当該個人と婚姻の届出をしていないが事実上婚姻関係と同様の事情にある者

　　ハ　当該個人の使用人

　　ニ　イ～ハに掲げる者以外の者で当該個人から受ける金銭その他の資産によって生計を維持している者

　　ホ　ロ～ニに掲げる者と生計を一にするこれらの者の親族

上記の株式移転を図示すると次のとおりです。

【一の法人のみがその株式移転完全子法人となる株式移転の場合】

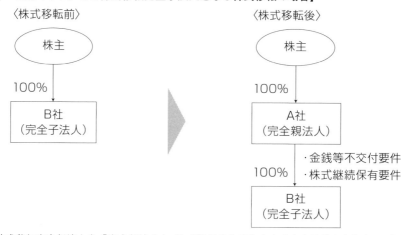

株式移転完全親法人を「完全親法人」，株式移転完全子法人を「完全子法人」とする（以下同じ）。

【同一者による完全支配関係の場合】

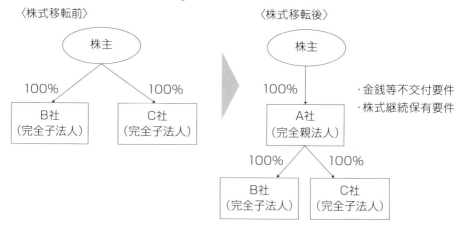

2．実務上の留意点

　完全支配関係があるかどうかの判定は，株式移転直前の資本関係により判定することとなりますので，株式移転前に資本関係を見直しておくことが重要と

なります。

　適格株式移転の後に，適格合併が見込まれている場合には，株式継続保有要件が次のように緩和されます。

【株式移転完全子法人を被合併法人とする適格合併が見込まれている場合（一の法人のみ）】

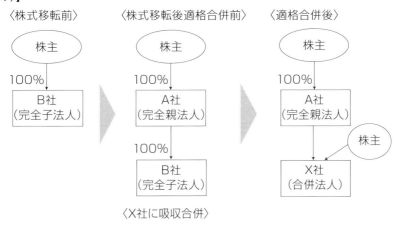

〈X社に吸収合併〉

　株式移転のときから適格合併の直前のときまで株式移転完全親法人と株式移転完全子法人との間に株式移転完全親法人による完全支配関係が継続すること（法人税施行令4の3㉒）。

【株式移転完全子法人を合併法人，分割承継法人又は被現物出資法人とする適格合併，適格分割又は適格現物出資（以下，「適格合併等」という）が行われることが見込まれている場合（一の法人のみ）】

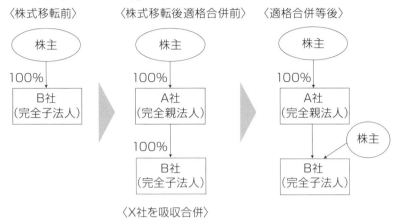

〈X社を吸収合併〉

　株式移転のときから適格合併の直前のときまで株式移転完全親法人と株式移転完全子法人との間に株式移転完全親法人による完全支配関係が継続し，適格合併等後に株式移転完全親法人が株式移転完全子法人の適格合併等直前の発行済株式等の全部を保有する関係が継続すること（法人税施行令4の3㉒）。

【株式移転完全子法人を被合併法人とする適格合併が見込まれている場合（同一者による完全支配関係）】

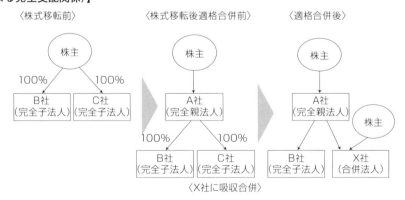

〈X社に吸収合併〉

　株式移転後に株式移転完全親法人と株式移転完全子法人及び他の株式移転完全子法人との間に同一者による完全支配関係があり，かつ，株式移転のときから適格合併の直前のときまで株式移転完全親法人と他の株式移転完全子法人又は株式移転完全子法人との間に株式移転完全親法人による完全支配関係が継続すること（法人税施行令4の3㉑一，二，三，四ハ）。

【株式移転完全親法人を被合併法人とする適格合併が見込まれている場合（同一者による完全支配関係）】

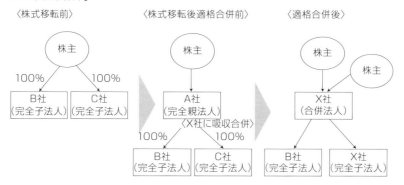

〈株式移転前〉　　　　　　　〈株式移転後適格合併前〉　　　　〈適格合併後〉

　株式移転後に株式移転完全親法人と株式移転完全子法人及び他の株式移転完全子法人との間に同一者による完全支配関係があり，株式移転のときから適格合併の直前のときまで株式移転完全親法人と株式移転完全子法人又は他の株式移転完全子法人との間に株式移転完全親法人による完全支配関係が継続し，適格合併後に合併法人と株式移転完全子法人又は他の株式移転完全子法人との間に合併法人による完全支配関係が継続すること（法人税施行令4の3㉑一，二，三，四ロ）。

【同一者を被合併法人とする適格合併が見込まれている場合（同一者による完全支配関係）】

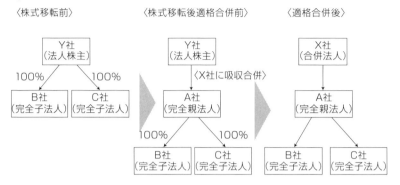

　株式移転後に株式移転完全親法人と株式移転完全子法人及び他の株式移転完全子法人との間に同一者による完全支配関係があり，株式移転のときから適格合併の直前のときまで株式移転完全親法人と株式移転完全子法人又は他の株式移転完全子法人との間に株式移転完全親法人による完全支配関係が継続すること（法人税施行令４の３㉑一，二，三，四イ）。

Q3 -28 | 支配関係のある法人間での株式移転の適格要件

支配関係がある法人間で行う株式移転の適格要件を教えてください。

(ポイント)

● 直接支配関係がある法人間の株式移転，同一者による支配関係がある法人間の株式移転は，金銭等不交付要件，従業者引継要件，事業継続要件及び株式継続保有要件がある。

● 適格株式移転の後に適格合併が見込まれている場合には，株式継続保有要件が緩和される。

A 　株式移転完全子法人と他の株式移転完全子法人との間に支配関係がある場合の株式移転は，その実態は企業グループで一体的な経営が行われている法人同士の株式移転と考えられます。これらの法人間で，株式の移転があった場合においても，その前後での支配は変わらないものと考えられます。

　支配関係とは，一の者が法人の発行済株式等の総数の50％超100％未満の株式等を直接もしくは間接に保有する関係（以下，「直接支配関係」）又は一の者との間に直接支配関係がある法人相互の関係（以下，「同一者による支配関係」）をいいます（法人税法2十二の七の六）。

　直接支配関係の場合と同一者による支配関係の場合には，以下のとおり適格株式移転に該当するための要件があります（法人税法2十二の十八）。

①　金銭等不交付要件（法人税法2十二の十八）

　　移転する株式移転完全子法人株式の対価として株式移転完全親法人株式以外の資産の交付がないこと。

②　従業者引継要件（法人税法2十二の十八）

　　株式移転完全子法人の従業者のうち，概ね80％以上に相当する者が株式移転完全子法人の業務に引き続き従事することが見込まれていること。

③　事業継続要件（法人税法２十二の十八）
　　株式移転完全子法人の株式移転前に営む主要な事業が株式移転完全子法
人において株式移転後に引き続き営まれることが見込まれていること。
④　株式継続保有要件（法人税法２十二の十八，法人税施行令４の３㉓）
　　株式移転後において支配関係が継続すると見込まれていること。

支配関係がある法人間の株式移転を図示すると下記のとおりです。

【直接支配関係の場合】

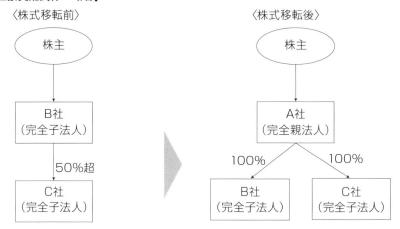

〈株式移転前〉　　　　　　　　　　　　　〈株式移転後〉

・金銭等不交付要件
・従業者引継要件
・事業継続要件
・株式継続保有要件

【同一者による支配関係の場合】

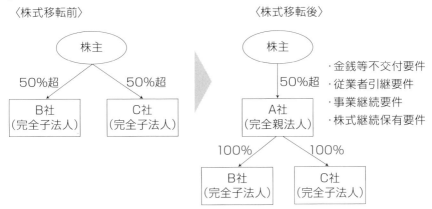

　適格株式移転の後に，適格合併が見込まれている場合には，株式継続保有要件が次のように緩和されます。

【株式移転完全子法人を被合併法人とする適格合併が見込まれている場合（直接支配関係）】

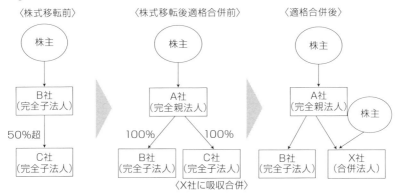

　株式移転のときから適格合併の直前のときまで株式移転完全親法人と株式移転完全子法人又は他の株式移転完全子法人との間に株式移転完全親法人による完全支配関係が継続し，適格合併後に株式移転完全親法人と他の株式移転完全子法人又は株式移転完全子法人との間に株式移転完全親法人による支配関係が継続すること（法人税施行令4の3㉓一）。

【株式移転完全親法人を被合併法人とする適格合併が見込まれている場合（直接支配関係）】

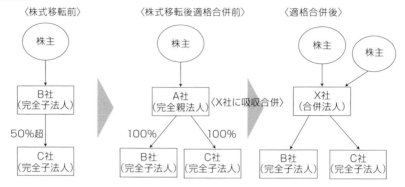

　株式移転のときから適格合併の直前のときまで株式移転完全親法人と株式移転完全子法人又は他の株式移転完全子法人との間に株式移転完全親法人による完全支配関係が継続し，適格合併後に合併法人と株式移転完全子法人又は他の株式移転完全子法人との間に合併法人による支配関係が継続すること（法人税施行令4の3㉓一）。

【株式移転完全子法人を被合併法人とする適格合併が見込まれている場合（同一者による支配関係）】

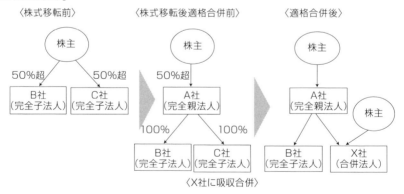

　株式移転後に株式移転完全親法人と株式移転完全子法人及び他の株式移転完全子法人との間に同一者による支配関係があり，かつ，株式移転のときから適格合併の直前のときまで株式移転完全親法人と他の株式移転完全子法人又は株

式移転完全子法人との間に株式移転完全親法人による完全支配関係が継続すること（法人税施行令4の3㉓ニイ，ロ，ハ，ニ(3)）。

【株式移転完全親法人を被合併法人とする適格合併が見込まれている場合（同一者による支配関係）】

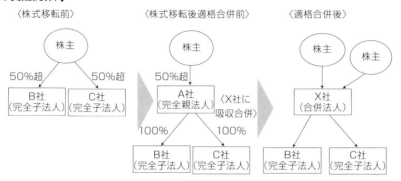

　株式移転後に株式移転完全親法人と株式移転完全子法人及び他の株式移転完全子法人との間に同一者による支配関係があり，株式移転のときから適格合併の直前のときまで株式移転完全親法人と株式移転完全子法人又は他の株式移転完全子法人との間に株式移転完全親法人による完全支配関係が継続し，適格合併後に合併法人と株式移転完全子法人又は他の株式移転完全子法人との間に合併法人による完全支配関係が継続すること（法人税施行令4の3㉓ニイ，ロ，ハ，ニ(2)）。

【同一者を被合併法人とする適格合併が見込まれている場合（同一者による支配関係）】

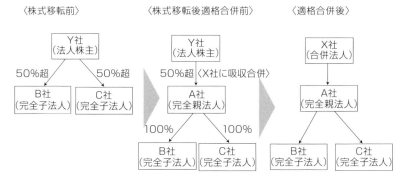

　株式移転後に株式移転完全親法人と株式移転完全子法人及び他の株式移転完全子法人との間に同一者による支配関係があり，株式移転のときから適格合併の直前のときまで株式移転完全親法人と株式移転完全子法人又は他の株式移転完全子法人との間に株式移転完全親法人による完全支配関係が継続すること（法人税施行令4の3㉓二イ，ロ，ハ，二(1)，㉕一）。

Q3 -29 | 共同で事業を行うための株式移転の適格要件

共同で事業を行うために株式移転する場合の適格要件を教えてください。

(ポイント)

●株式移転の直前に株式移転完全子法人の全てに支配株主がいない場合には，金銭等不交付要件，事業関連要件，事業規模要件（又は経営参画要件），事業継続要件，従業者引継要件，完全支配関係継続要件がある。

●株式移転の直前に株式移転完全子法人に支配株主がいる場合には，上記に加え，株式継続保有要件がある。

●適格株式移転の後に適格合併が見込まれている場合には，株式継続保有要件が緩和される。

A | 1.内　容

完全支配関係及び支配関係がある法人間の株式移転以外の株式移転で，株式移転完全子法人と株式移転完全親法人が共同で事業を営むための株式移転として，下記の区分に応じてそれぞれに掲げる要件を満たす場合には，適格株式移転に該当します。

●株式移転の直前に株式移転完全子法人の全てに支配株主がいない場合 …(1)～(5)，(7)

●株式移転の直前に株式移転完全子法人に支配株主がいる場合 …(1)～(7)

(1)　金銭等不交付要件（法人税法2十二の十八）

移転する株式移転完全子法人株式の対価として株式移転完全親法人以外の資産の交付がないこと。

(2)　事業関連要件（法人税法2十二の十八，法人税施行令4の3㉔一）

株式移転完全子法人の事業と他の株式移転完全子法人の事業が相互に関連す

るものであること。

(3)　事業規模要件又は経営参画要件（法人税法２十二の十八，法人税施行令４の３㉔二）

①　事業規模要件

株式移転完全子法人の事業と他の株式移転完全子法人の事業のそれぞれの売上金額，従業者数又は資本金の額等の規模の割合が概ね５倍を超えていないこと。

②　経営参画要件

株式移転前の株式移転完全子法人若しくは他の株式移転完全子法人のそれぞれの特定役員の全てが株式移転に伴って退任をするものでないこと（特定役員とは，社長，副社長，代表取締役，代表執行役，専務取締役又は常務取締役と同等に法人の経営の中枢に参画している者をいい，必ずしも会社法上の役員である必要はない）。

(4)　事業継続要件（法人税法２十二の十八，法人税施行令４の３㉔四）

株式移転完全子法人の事業が，株式移転完全子法人において，株式移転後引き続き営まれることが見込まれていること。

(5)　従業者引継要件（法人税法２十二の十八，法人税施行令４の３㉔三）

株式移転完全子法人の株式移転直前の従業者のうち，その総数の概ね80％以上に相当する数の者が，その株式移転後の株式移転完全子法人の業務に従事することが見込まれていること。

(6)　株式継続保有要件（法人税法２十二の十八，法人税施行令４の３㉔五）
〈平成29年10月1日以降に行われる株式移転の場合〉

支配株主（株式移転直前に株式移転完全子法人に対し支配関係があるもの）が株式移転により交付を受ける株式移転完全親法人の株式（議決権のないもの

を除く）の全部を継続して保有することが見込まれること。

　株式継続保有要件の判定は，株主単位での継続保有により判定します。継続して保有する株式数ではないので注意が必要です。具体的な数値を用いると下記のように判定します。

【例①】

	株式移転完全子法人の発行済株式	交付を受けた株式移転完全親法人の株式の保有状況
株主A	60株	全株継続保有見込み
株主B	30株	1株を売却予定
株主C	10株	1株を売却予定
合計	100株	

　支配株主である株主Aが株式移転により交付を受けた株式の全株を継続して保有する見込みがあるかどうかにより判定しますので，株主B及び株主Cの保有状況に左右されません。株主Aが株式移転により交付を受けた株式の全株を継続して保有する見込みであることから株式継続保有要件を満たします。

【例②】

	株式移転完全子法人の発行済株式	交付を受けた株式移転完全親法人の株式の保有状況
株主A	60株	1株を売却予定
株主B	30株	全株継続保有見込み
株主C	10株	全株継続保有見込み
合計	100株	

　支配株主である株主Aが株式移転により交付を受けた株式の全株を継続して保有する見込みがあるかどうかにより判定しますので，株主B及び株主Cの保有状況に左右されません。株主Aが株式移転により交付を受けた株式の全株

を継続して保有する見込みがないことから株式継続保有要件を満たしません。

〈平成29年9月30日までに行われる株式移転の場合〉

　株式移転直前の株式移転完全子法人の株主等で株式移転により交付を受ける株式移転完全親法人の株式（議決権のないものを除く）の全部を継続して保有することが見込まれる者が有する持株数が，株式移転完全子法人の発行済株式等の80％以上であること。

　株式継続保有要件の判定は，株主単位での継続保有により判定します。継続して保有する株式数ではないので注意が必要です。具体的な数値を用いると下記のように判定します。

【例①】

	株式移転完全子法人の発行済株式	交付を受けた株式移転完全親法人の株式の保有状況
株主A	60株	全株継続保有見込み
株主B	30株	全株継続保有見込み
株主C	10株	1株を売却予定
合計	100株	

　株主Cは株式移転により交付を受けた株式の全株を継続して保有する見込みがありませんので，株式移転完全子法人の発行済株式のうち株主A及び株主Bが保有していた株式移転完全子法人の株式の割合により計算します。60株＋30株＝90株となり，100株に対して90％となりますので，80％以上となることから株式継続保有要件を満たします。

【例②】

	株式移転完全子法人の 発行済株式	交付を受けた株式移転完全 親法人の株式の保有状況
株主A	60株	全株継続保有見込み
株主B	30株	1株を売却予定
株主C	10株	全株継続保有見込み
合計	100株	

　株主Bは株式移転により交付を受けた株式の全株を継続して保有する見込みがありませんので，株式移転完全子法人の発行済株式のうち株主A及び株主Cが保有していた株式移転完全子法人の株式の割合により計算します。60株＋10株＝70株となり，100株に対して70％となりますので，80％未満となることから株式継続保有要件を満たしません。

　　※　平成29年10月1日以降に行われる株式移転における株式継続保有要件は，「支配株主が株式移転により交付を受ける株式移転完全親法人の株式（議決権のないものを除く）の全部を継続して保有することが見込まれること」となります。

(7)　完全支配関係継続要件（法人税法2十二の十八，法人税令4の3㉔六）

　株式移転後に当該株式移転に係る株式移転完全親法人と株式移転完全子法人との間に株式移転完全親法人による完全支配関係が継続することが見込まれていること。

2.　適格株式移転後に適格合併等が見込まれている場合の適格要件

　適格株式移転の後に，株式移転完全子法人又は他の株式移転完全子法人を被合併法人，分割法人又は現物出資法人（以下，「被合併法人等」とする）とする適格合併，適格分割又は適格現物出資（以下，「適格合併等」とする）が見込まれている場合には次の要件に取扱いが変更となります。

⑴　**経営参画要件**（法人税法２十二の十八，法人税施行令４の３㉔二）

　適格合併等により合併法人，分割承継法人，被現物出資法人（以下，合併法人等とする）の役員への就任に伴う退任があった場合においても，経営参画要件を満たします。

⑵　**従業者引継要件**（法人税法２十二の十八，法人税施行令４の３㉔三）

　適格合併等により直前の従業者の全部又は一部が合併法人等に引き継がれる場合には，直前の従業者のうち，合併法人等に引き継がれるもので当該株式移転後に株式移転完全子法人の業務に従事し，適格合併等後に合併法人等の業務に従事する者の数と，当該直前の従業者のうち，引き継がれる従業者以外のもので株式移転完全子法人の業務に引き続き従事する者の数とを合計した数が，当該直前の従業者の総数の概ね80％以上に相当する数となることが見込まれていること。

⑶　**事業継続要件**（法人税法２十二の十八，法人税施行令４の３㉔四）

　適格合併等により株式移転完全子法人の事業が移転する場合には，株式移転完全子法人の事業が株式移転完全子法人において株式移転後引き続き営まれ，適格合併等後に合併法人等において引き続き営まれることが見込まれ，かつ，株式移転完全子法人の事業のうち，移転事業以外のものが株式移転完全子法人において引き続き営まれることが見込まれていること。

　適格株式移転の後に，適格合併が見込まれている場合には，株式継続保有要件，完全支配関係継続要件が次のように取扱いが変更となります。

⑷　**株式継続保有要件**（法人税法２十二の十八，法人税施行令４の３㉔五）

　株式移転後に株式移転完全親法人を被合併法人とする適格合併を行うことが見込まれている場合には，株式移転のときから適格合併の直前のときまで対価株式の全部が支配株主により継続して保有されることが見込まれること。

⑸　**完全支配関係継続要件**（法人税法２十二の十八，法人税施行令４の３㉔六）

　株式移転後に株式移転完全子法人を被合併法人とする適格合併を行うことが見込まれている場合，株式移転後に株式移転完全親法人と他の株式移転完全子法人との間に株式移転完全親法人による完全支配関係が継続し，株式移転の時から適格合併の直前まで株式移転完全親法人と株式移転完全子法人との間に株式移転完全親法人による完全支配関係が継続すること。

　株式移転後に他の株式移転完全子法人を被合併法人とする適格合併を行うことが見込まれている場合，株式移転後に株式移転完全親法人と株式移転完全子法人との間に株式移転完全親法人による完全支配関係が継続し，株式移転の時から適格合併の直前まで株式移転完全親法人と当該他の株式移転完全子法人との間に株式移転完全親法人による完全支配関係が継続すること。

　株式移転後に株式移転完全子法人又は他の株式移転完全子法人を合併法人等とする適格合併等を行うことが見込まれている場合，株式移転の時から適格合併等の直前まで，株式移転完全親法人と株式移転完全子法人と他の株式移転完全子法人との間に株式移転完全親法人による完全支配関係が継続し，株式移転完全親法人が株式移転完全子法人又は他の株式移転完全子法人の適格合併等の直前の発行済株式等の全部を継続して保有し，株式移転完全親法人と株式移転完全子法人又は他の株式移転完全子法人との間に株式移転完全親法人による完全支配関係が継続すること。

【適格判定フローチャート】

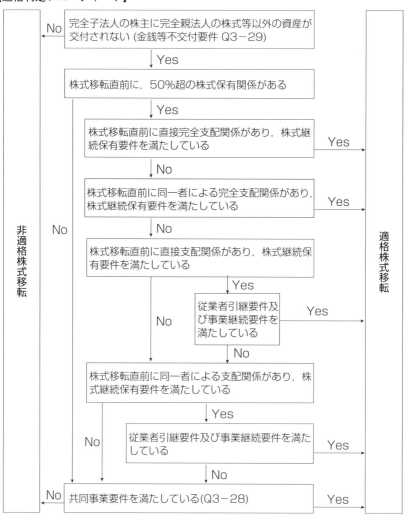

Q3 -30 ｜ 金銭等不交付要件

株式移転に伴い金銭が交付されることのみをもって税制適格の要件に共通する金銭等不交付要件に抵触しますか。

(ポイント)

次の①〜③に該当する金銭を交付する場合には，金銭等不交付要件には抵触しない。

①　配当見合い金の交付金

②　反対株主の買取請求による交付金

③　1株未満の端株の処理による交付金

A ｜ 1．内　容

税務上の適格要件には，株式移転の対価を株式移転完全親法人株式の交付のみとする要件（「金銭等不交付要件」という）がありますので，株式以外の交付を認めないことが前提となります。したがって，株式移転に伴い金銭が交付される場合には，適格要件から外れてしまうのではという疑問が生じます。

この点，①株式移転完全子法人の株主等への剰余金の配当や，②反対株主からの買取請求による交付金は，適格株式移転の可否判定の際の金銭等から除外されています（法人税法2十二の十八）ので，いずれの場合も，株式移転対価としての金銭の交付として扱わないこととされています。

また，上記以外にも，株式移転比率の関係上，株式移転完全子法人の株主に交付される株式に1株未満の端数の株式が生じることで，金銭を交付する場合も，金銭等不交付要件に抵触するのではという疑問が生じます。会社法上，1株未満の端数の株式が生じた場合には，株式移転完全親法人がその端数の株式に相当する株式を競売し，その端数の株式数に応じてその対価を株式移転完全子法人の株主に交付するといった手続きが行われます。

他方，税務上は，株式移転完全親法人は株式の所有者に代わり，その端数の

株式を合計し譲渡し，その代金を精算するといった行為を行うだけであり，当該金銭には株式移転対価の性質はなく，税務上，株式移転完全子法人の株主に対し1株未満の端数に相当する株式を交付したものとして取り扱うこととされています。

2．実務上の留意点

(1) 配当見合いの株式移転交付金

　税務上，配当見合いの交付金として取り扱うとする旨の要件規定はないため，議事録等に配当見合い金の記載がない場合には，過去の配当実績等から総合的に判断されるものと考えられます。株式移転完全子法人の株主に対し，配当見合い金を支払う場合には，株式移転完全親法人から株式移転完全子法人の株主への株式移転交付金として取り扱われないように一般的には議事録等を作成し，区別しておく必要があります。

（中略）

3．株主に対する配当財産の割当てに関する事項
　令和×年〇月△日現在の株主名簿に記載されている者に対し，持株1株に対して金▲▲円を支払う。

4．剰余金の配当がその効力を生ずる日を令和×年▲月◎日とする。

---

(2) 反対株主の買取請求に基づく交付金

　株式移転に反対する株主からの買取請求に応ずる場合，みなし配当が生じる可能性があります。

　反対株主の買取請求による交付金を取得した株主は，株式の譲渡損益を計上します。

Q3 -31 適格株式移転における株式移転完全親法人の株式移転完全子法人株式の取得価額，資本金等の額及び利益積立金額の計上に際しての留意点

適格株式移転が行われた場合の，株式移転完全親法人の資産（株式移転完全子法人株式の取得価額），資本金等の額及び利益積立金額の計上にあたって，留意点を教えてください。

(ポイント)

● 組織再編の直前における株式移転完全子法人の株主の数が50人未満である場合と50人以上である場合で株式移転完全子法人株式の取得価額は異なる。

● 株式移転完全親法人は，組織再編の直前における株式移転完全子法人の株主の数が50人未満である場合，株式移転完全子法人株式の取得価額は株式移転完全子法人株式の組織再編直前の税務上の帳簿価額で引き継ぐ。

● 株式移転完全親法人は，組織再編の直前における株式移転完全子法人の株主の数が50人以上である場合，株式移転完全子法人株式の取得価額は株式移転完全子法人の簿価純資産価額で引き継ぐ。

● 株式移転完全親法人は株式移転完全子法人株式の取得価額から一定の交付金銭等の合計額を減算した金額を資本金等の額として計上する。

● 株式移転完全親法人は利益積立金額を引き継がない。

　株式交換Ｑ２−31をご参照ください。

Q3 -32 適格株式移転における株式移転完全子法人の税務処理

適格株式移転が行われた場合の株式移転完全子法人の税務処理について教えてください。

（ポイント）

課税関係は生じない。

A 適格株式移転の場合は，非適格株式移転の場合（**Q3−35**をご参照ください）とは異なり，株式移転の直前に有する一定の資産についての時価評価の規定は適用されませんので，株式移転完全子法人に課税関係は生じません。

Q3 -33 | 適格株式移転における株式移転完全子法人の株主の税務処理

適格株式移転が行われた場合の株式移転完全子法人の株主の税務処理について教えてください。

ポイント

● 株式移転完全子法人の株主にはみなし配当課税は発生せず，株式移転完全子法人株式の譲渡損益課税も生じない。

● 適格株式移転により交付を受けた株式移転完全親法人株式の取得価額は，法人株主の場合，旧株式移転完全子法人の帳簿価額（個人株主の場合は取得価額）を引き継ぐ。

株式交換Q2−33をご参照ください。

Q3-34 非適格株式移転における株式移転完全親法人の株式移転完全子法人株式の取得価額，資本金等の額及び利益積立金額の計上に際しての留意点

非適格株式移転が行われた場合の株式移転完全親法人の資産（株式移転完全子法人株式の取得価額），資本金等の額及び利益積立金額の計上にあたって，留意点を教えてください。

（ポイント）

● 株式移転完全子法人株式の取得価額は，時価となる。

● 増加する資本金等の額は，株式移転完全子法人株式の取得価額から一定の交付金銭等の合計額を減額した金額となる。

● 株式移転完全親法人は利益積立金額を引き継がない。

株式交換Q2－34をご参照ください。

Q3 -35　非適格株式移転における株式移転完全子法人の税務上の留意点

非適格株式移転が行われた場合の株式移転完全子法人の税務上の留意点を教えてください。

ポイント

- ●株式移転の直前に有する一定の資産について時価評価を行う。
- ●時価評価を行う資産とは，固定資産，土地等，有価証券，金銭債権，繰延資産が該当するが，評価損益が一定の金額に満たない資産などは時価評価の対象から除かれる。

　株式交換Ｑ２−35をご参照ください。

Q3 -36 完全支配関係の法人間で非適格株式移転を行った場合の税務上の取扱い

完全支配関係がある法人間で非適格株式移転を行った場合の税務上の取扱いを教えてください。

ポイント

非適格株式移転に該当する場合であっても，時価評価を行わない。

　株式交換Q2−36をご参照ください。

Q3 -37　非適格株式移転が行われたことにより時価評価された減価償却資産の取扱い

非適格株式移転が行われたことにより，時価評価された減価償却資産の取扱いについて教えてください。

(ポイント)

●評価益が計上された場合，従前の取得価額に評価益相当額を加算した金額を取得価額とみなす。

●会計上，時価評価益を計上しなかった場合，評価益相当額を過年度の減価償却超過額とみなす。

●評価損が計上された場合，取得価額に影響を及ぼさないが，評価損相当額を減価償却累計額に加算する。

株式交換Q2-37をご参照ください。

Q3 -38 非適格株式移転における株式移転完全子法人の株主の取扱い

非適格株式移転が行われた場合の株式移転完全子法人の株主の取扱いを教えてください。

(ポイント)

● 株式移転における株主課税は，適格非適格に左右されず，株式移転完全親法人株式以外の資産の交付の有無によって決定される。

● 株式移転の対価として株式移転完全親法人の株式のみの交付を受ける場合，譲渡損益に対する課税が繰り延べられ，株式移転完全親法人株式の取得価額は株式移転完全子法人株式の帳簿価額を引き継ぐ。

● 株式移転の対価として株式移転完全親法人の株式以外の資産の交付を受ける場合，譲渡損益を計上し，株式移転完全親法人株式の取得価額は株式移転時の時価となる。

● みなし配当は生じない。

株式交換Ｑ２−38をご参照ください。

Q3 -39 消費税

株式移転を行う場合に，消費税について留意すべき点があれば教えてください。

(ポイント)

● 株式移転完全子法人の株主が，株式移転により株式を渡す行為は，資産の譲渡等取引に該当するため，課税売上割合の計算上，分母の額に算入する。

● 株式移転完全親法人が，株式移転により株式を渡す行為は，資本等取引に該当するため，消費税の計算上，加味しない。

Q2−39をご参照ください。

Q3-40 | 登録免許税

株式移転を行う場合に，その他の税金（登録免許税）について留意すべき点があれば教えてください。

(ポイント)

　株式移転により資本金が増加した場合，登記に伴う登録免許税が課税される。

 　株式移転により新設される株式移転完全親法人の会社設立登記に係る登録免許税は，通常の法人設立同様，

資本金の額×7／1,000（最低金額：15万円）

となります（登録免許税法別表第一24（一）イ）。

Q3 -41 繰越欠損金

繰越欠損金の処置について教えてください。

ポイント

● 株式移転完全親法人における株式移転完全子法人の繰越欠損金の引継ぎは認められていない。

● 適格合併の場合のような繰越欠損金の使用制限は課されていない。

Q2−41をご参照ください。

Q3 -42 | 法人税確定申告書の添付書類

株式移転に係る法人税確定申告書の添付書類について教えてください。

(ポイント)

株式移転完全親法人及び株式移転完全子法人において，株式移転を実施した事業年度の法人税確定申告書に株式移転計画書及び組織再編成に係る主要な事項の明細書の添付が必要となる。

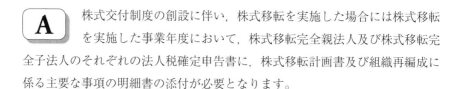

株式交付制度の創設に伴い，株式移転を実施した場合には株式移転を実施した事業年度において，株式移転完全親法人及び株式移転完全子法人のそれぞれの法人税確定申告書に，株式移転計画書及び組織再編成に係る主要な事項の明細書の添付が必要となります。

Q3-43

税務上の届出

株式移転に係る税務上の届出について教えてください。

ポイント

　株式移転をした場合には，法人税のみならず，各税目にわたり種々の届出が必要である。

1．法人税

　法人税関係の届出のうち，主なものは，以下のとおりとなります。

	提出期限	株式移転 完全親法人	株式移転 完全子法人
設立届出	設立登記の日から2月以内	○ （注）	
青色申告 承認申請	次の日のうち，いずれか早い日の前日 (1)　設立の日から3月経過日 (2)　当該事業年度終了日	○	

（注）　定款の写しの添付が必要です。

2．消費税

消費税関係の届出のうち，主なものは以下のとおりとなります。

	提出期限	株式移転 完全親法人	株式移転 完全子法人
課税事業者届出書	速やかに	○ （注1）	
消費税の新設法人に 該当する旨の届出	速やかに	○ （注2）	
・課税事業者選択届出 ・簡易課税制度選択届出 ・課税期間特例選択変更届出	株式移転のあった課税期間中	○ （注3）	

（注１）　納税義務が生じる場合に限ります。
（注２）　法人設立届出書に消費税の新設法人に該当する旨を記載した場合には提出
　　　　する必要はありません。
（注３）　株式移転のあった課税期間から適用されます。

３．源泉所得税

　源泉所得税関係の届出は以下のとおりとなります。

	提出期限	株式移転完全親法人	株式移転完全子法人
給与支払事務所等の開設・移転・廃止届出	開設，移転又は廃止の事実があった日から１ヵ月以内	○（注）	

（注）　給与支払事務所等の開設を行った場合に必要となります。

４．地方税

　地方税関係の届出のうち，主なものは以下のとおりとなります。

	提出期限	株式移転完全親法人	株式移転完全子法人
設立届出	各地方自治体による	○	
給与支払報告・特別徴収に係る給与所得者異動届出		○（注）	

（注）　各地方自治体により取扱いが異なりますのでご留意ください。

column	「直ちに」・「速やかに」・「遅滞なく」の違いは？？

　税法に限らず，法律の条文を読んでいると，「直ちに」・「速やかに」・「遅滞なく」という用語が頻繁に出てきます。それぞれすぐにという意味を持つ言葉ですが，どのように使い分けがされているのでしょうか。ここではその用語の意味について確認します。

(1)　直ちに

　「直ちに」は，緊急性が最も高いときに使用される用語で，原則として「遅れることは許されないもの」と解されています。したがって，「直ちに」が使用されている条文は重要性が高いものがほとんどとなっています。

(2)　速やかに

　「速やかに」は，「直ちに」よりは緊急性は低いですが，「できる限り早く」という訓示的な意味を持った用語となります。

(3)　遅滞なく

　「遅滞なく」は，「速やかに」よりさらに緊急性は低く，「合理的な理由があれば，多少遅れることも許容される。」という意味を持った用語となります。

　以上のとおり，それぞれの用語に具体的期限はありませんが，即時性の度合いは，「直ちに」→「速やかに」→「遅滞なく」という順番になると解されています。ただし，どの用語が使用されていても，最終的には行わなければならないものには変わりありませんので，「すぐに」手続きをとる意識は必要です。

第4章

株式交付

Q4 -1 株式交付制度の概要

株式交付制度の概要について教えてください。

(ポイント)

- 株式交付制度は，会社法上，部分的な株式交換で，組織再編行為の一種である。
- 株式交換は完全子会社化が求められるのに対し，株式交付は子会社化が求められる。具体的に，買収会社（株式交付親会社）の議決権保有割合が50%超となる子会社化（形式基準）である。
- 株式交付制度は，買収会社（株式交付親会社）に組織再編の手続規制があるが，現物出資規制（検査役調査，不足額填補責任）や有利発行規制はない。
- 混合対価が認められる。

A

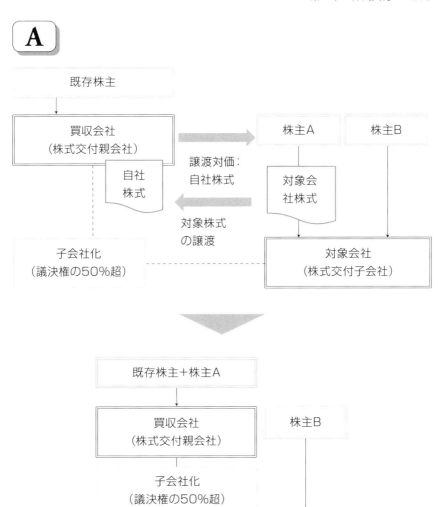

(1)　株式交付制度とは

　株式交付とは，株式会社が他の株式会社をその子会社とするために当該他の株式会社の株式を譲り受け，当該株式の譲渡人に対して当該株式の対価として当該株式会社の株式を交付することをいいます（会社法２三十二の二）。株式交付は，買収会社（株式交付親会社）において「部分的な株式交換」として，組織再編行為の一種と整理されており，基本的には会社法上，株式交換完全親会社における株式交換と同様の規定がなされています。

　子会社化の手法として，他にも株式交換や現物出資が考えられます。しかし，株式交換は，対象会社を完全子会社化する場合以外は適用できません。これに対し，株式交付は，対象会社を議決権50％超保有の子会社とする場合に適用できます。また，現物出資を適用する場合，検査役の調査や引受人等の財産価額填補責任などの現物出資規制や有利発行規制を受けます。これに対し，株式交付は，現物出資規制や有利発行規制はありません。株式交付制度の創設により，より円滑な子会社化が可能となります。

(2)　株式交付制度の概要

　株式交付における子会社とは，買収会社（株式交付親会社）の議決権割合が50％超となる子会社に限定されます（会社法施行規則４の２，３③一）。そのため，買収会社が既に対象会社の議決権の過半数を有している場合は株式交付を適用できません。また，買収会社が対象会社の議決権の過半数を取得できない場合は，株式交付を適用できません。実質支配力基準で議決権50％以下であるものの子会社に該当している場合（会社法施行規則３③二）において，買収会社が対象会社の議決権の過半数を取得した場合（会社法施行規則３③一）は，株式交付を適用できると考えられます。株式交付における子会社の判断基準を，実質基準でなく形式基準としたのは，株式交付に係る規定の対象範囲を客観的・形式的な基準で定めることにより法律関係の混乱を防ぐ目的と考えられます。

　株式交付は，株式会社が他の株式会社を子会社とするために行われるものであるため，買収会社，対象会社ともに国内の株式会社に限られ，外国会社は対象外となります（会社法２三十二の二，774の３①一）。また，株式交付は，株式

会社の株式を交付することを前提としているため，買収会社が対象会社株主に交付する対価を，買収会社の親会社の株式とする三角株式対価 M&A には適用できません。

買収会社（株式交付親会社）は，株式交付計画に定めることにより，株式交付親会社株式と併せて，それ以外の金銭等を対価として交付できます（会社法774の3①五，ハロ～ホ）。いわゆる混合対価が認められます。会社法上，混合対価の割合として，買収会社（株式交付親会社）の株式を全く交付しないことは認められない以外は規定されていません（会社法774の3①三）。留意点として，後述する税務上の取扱いとして，譲渡株式の譲渡損益の繰延べ措置が適用されるには，対価総額の80%以上が買収会社（株式交付親会社）株式であることが求められます。

(3)　株式交付制度の手続き

買収会社（株式交付親会社）は，株式交付計画を作成し，株主総会の特別決議により承認を受ける必要があります（会社法774の2後段，816の3①）。

株式交付に伴い買収会社（株式交付親会社）が交付する財産の額が買収会社（株式交付親会社）の純資産の額に占める割合が5分の1以下の場合，買収会社（株式交付親会社）の株主総会決議は不要となります（簡易株式交付，会社法816の4①本文）。ただし，差損が発生する場合，買収会社（株式交付親会社）が公開会社でない場合，一定の反対通知がある場合は，株主総会の特別決議での承認が必要です（会社法816の4①但書②，816の3②）。

対象会社（株式交付子会社）において手続きは必要ありませんが，対象会社（株式交付子会社）が公開会社でない場合，譲渡承認が必要となります（会社法139①）。

買収会社（株式交付親会社）の反対株主による買取請求が認められています（会社法816の6①本文）。ただし，簡易株式交付の要件を満たす場合，買取請求権はありません（会社法816の4①本文，816の6①但書）。

Q4 -2 株式交付制度における会計処理の概要

株式交付を行った際の会計処理について教えてください。

ポイント

　　会計上，株式交付は企業結合会計基準等に基づき，株式交換に準じて処理すると考えられる。

A　1．株式交付制度に係る会計上の取扱いについて

　　組織再編行為に係る会計処理については，企業会計基準21号「企業結合に関する会計基準」等に規定されていますが，株式交付制度の創設に際して当該会計基準は改正されておらず，株式交付に係る会計処理は，現状では整理されていません。唯一，株式交付親会社において変動する株主資本等変動額に関してのみ，会社計算規則39条の2にて取扱いが規定されました。今後，会計基準の改正等によって取扱いが示されるまでは，現行の会計基準等に従った処理を行うべきと考えられます。

　　株式交付制度は子会社化の手法の一種であり，買収会社と対象会社とを1つの報告単位に統合するものであるため，企業結合に該当すると考えられ（企業結合会計基準5），また株式交付は株式交換と同じ組織再編行為の一種と整理されています。したがって，株式交付の会計処理は，現行の企業結合会計基準等における株式交換に準じて行うことになると考えられ，株式交付が「取得」に該当するか，「共通支配下の取引等」に該当するかが会計処理のポイントになります。

(1)　株式交付が取得に該当する場合

　　株式交付制度は子会社化を目的とした組織再編行為であるため，基本的には「取得」に該当すると考えられます。取得に該当する場合，株式交付親会社（買収会社）が取得する株式交付子会社（対象会社）株式の取得原価は時価で算定すると考えられます（企業結合適用指針38）。また，株式交付親会社におい

て増加する資本（株主資本等変動額）について，（逆取得に該当する場合を除き）株式交付子会社株式等の時価を基礎として算定する方法によります（会社計算規則39の2①一）。なお，株式交付親会社の資本金及び資本剰余金の増加額は，上記株主資本等変動額の範囲内で株式交付計画に定めた額であり，利益剰余金は変動しません（会社計算規則39の2②）。

⑵　株式交付が共通支配下の取引等に該当する場合

　例えば，買収会社が保有する対象会社の議決権割合が50％以下であるものの，実質支配力基準により対象会社が子会社に該当している場合（会社法施行規則3③二）において，買収会社が対象会社の議決権の過半数を取得する株式交付は，共通支配下の取引等に該当すると考えられます。この場合，株式交付親会社（買収会社）が少数株主から取得する株式交付子会社（対象会社）株式の取得原価は時価に基づいて算定すると考えられます（企業結合適用指針236）。また，株式交付親会社において増加する資本（株主資本等変動額）については，株式交付子会社の財産の株式交付の直前の帳簿価額を基礎として算定する方法によります。ただし，株式交付子会社株式等の時価を基礎として算定すべき部分にあっては当該方法によります（会社計算規則39の2①二）。取得の場合と同様に，株式交付親会社の資本金及び資本剰余金の増加額は，上記株主資本等変動額の範囲内で株式交付計画に定めた額であり，利益剰余金は変動しません（会社計算規則39の2②）。

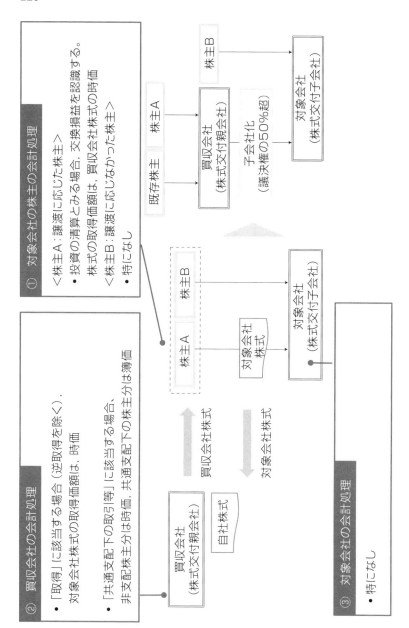

① 対象会社の株主の会計処理

<株主A：譲渡に応じた株主>
・投資の清算とみる場合、交換損益を認識する。
株式の取得価額は、買収会社株式の時価
<株主B：譲渡に応じなかった株主>
・特になし

② 買収会社の会計処理

・「取得」に該当する場合（逆取得を除く）、
対象会社株式の取得価額は、時価
・「共通支配下の取引等」に該当する場合、
非支配株主分は時価、共通支配下の株主分は簿価

③ 対象会社の会計処理

・特になし

Q4 -3 株式交付制度に係る各当事者の課税関係

株式交付制度の税務上の取扱いについて教えてください。

(ポイント)

●株式交付制度は，会社法上，部分的な株式交換で組織再編行為の一種であり，また会計上，株式交換と同様に企業結合会計基準が適用されるのに対し，税務上は，法人税法の組織再編税制に規定されず，租税特別措置法に期限の定めのない恒久的な制度として規定された。

●対象会社（株式交付子会社）において譲渡に応じた株主は，譲渡損益が一定額繰り延べられる。ただし，2023年10月1日以後，株式交付後に株式交付親会社が同族会社に該当する場合，この課税繰延べの対象外となる。

●買収会社（株式交付親会社）において，対象会社（株式交付子会社）株式の取得価額は，対象会社株式を売却する株主が50人未満か，50人以上かで取扱いが異なる。

●対象会社（株式交付子会社）において，時価評価課税などの課税関係は生じない。

●株式交付制度は，いわゆる三角株式対価M&Aには適用できない。

222

A

① 対象会社の株主の課税関係

<株主A：譲渡に応じた株主>
・譲渡した株式の譲渡損益課税を一定額繰延べ

<株主B：譲渡に応じなかった株主>
・特になし

株主B

株主A

既存株主

買収会社
(株式交付親会社)

子会社化
議決権の50%超

対象会社
(株式交付子会社)

② 買収会社の課税関係

・対象会社株式を売却する株主が50人未満の場合、対象会社株式の取得価額は、取得直前の帳簿価額

・対象会社株式を売却する株主が50人以上の場合、対象会社株式の取得価額は、直前期末の簿価純資産価額

買収会社
(株式交付親会社)

自社株式

買収会社株式

対象会社株式

株主A

株主B

対象会社株式

対象会社
(株式交付子会社)

③ 対象会社の課税関係

・特になし
(組織再編税制における適格要件などは規定されず、対象会社に時価評価課税などの課税関係は生じない。)

(1)　株式交付制度の税務上の取扱い（概要）

　自社株式を対価として行われる M&A について，対象会社株主である個人及び法人が会社法の株式交付制度により，対象会社（株式交付子会社）株式を譲渡し，買収会社（株式交付親会社）の株式等の交付を受けた場合，その譲渡した株式の譲渡損益課税が一定額繰り延べられます。また，対象会社（株式交付子会社）において，（非適格株式交換における）時価評価課税などの課税関係は生じません。

　株式交付制度は，会社法上，部分的な株式交換で組織再編行為の一種であり，また会計上は，株式交換と同様に企業結合会計基準が適用されます。これに対し税務上は，法人税法の組織再編税制に規定されず，租税特別措置法に期限の定めのない恒久的な制度として規定されました。

(2)　対象会社（株式交付子会社）の株主の課税関係

　対象会社（株式交付子会社）において譲渡に応じた株主は，対価総額のうち買収会社（株式交付親会社）株式に対応する部分については，株式交付時に課税されず，買収会社株式を売却する際に課税されます。つまり，株式交付時に譲渡損益課税が一定額繰り延べられます。

　ただし，2023年10月1日以後に行われる株式交付において，株式交付後に株式交付親会社が同族会社（非同族の同族会社を除く）に該当する場合は，この課税繰延べ措置の対象とならないので留意が必要です。

　非居住者及び外国法人については，恒久的施設（PE）において管理する株式に対応して買収会社（株式交付親会社）の株式交付を受けた部分に限り課税が繰り延べられます。

　会社法上，自社株式に併せて金銭等を交付する，いわゆる混合対価が認められますが，税務上は，対価総額の80％以上が買収会社（株式交付親会社）株式の場合，課税の繰延べが認められます。

　税務申告にあたっては，上記の他に買収会社（株式交付親会社）の確定申告書に株式交付計画書及び株式交付に係る明細書を添付し，その明細書に株式交付により交付した資産の数または価額の算定の根拠を明らかにする事項を記載

した書類を添付する必要があります（法人税法施行規則35五，六）。

　なお，対象会社株式の譲渡（株式交付）に応じなかった株主には，課税関係は生じません。

　具体的に，以下に税務仕訳を考えます。

① 対価の全てが買収会社（株式交付親会社）株式の場合

（借）買収会社株式 ［対象会社株式の譲渡直前の簿価）］	（貸）対象会社株式 （簿　　価）

　有価証券の譲渡損益は，譲渡対価から譲渡原価を差し引いた額です（法人税法61の2①一，二）。この条文に改正はありません。「譲渡対価」について，株式交付時の取扱いが新たに規定されました。株式交付における譲渡対価は，対象会社株式の簿価に株式交付割合を乗じ，当該額に現金等を加算した額です（措置法66の2の2①，措置法施行令39の10の3③一）。株式交付割合は，買収会社株式の時価を，買収会社株式の時価に現金等を加算した額で除したものです。例として株式交付子会社株式の簿価を1,000，対価総額を1,200（買収会社株式の時価1,200，現金対価なし）と仮定すると，株式交付割合は，1,200／1,200で100％であり，譲渡対価は，1,000×100％で1,000となります。よって，譲渡損益は，1,000−1,000＝0で，つまり譲渡損益課税の繰延べとなります。

（借）買収会社株式	1,000	（貸）対象会社株式	1,000
			（課税の繰延べ）

② 対価に金銭等が含まれる場合（混合対価の場合）

（借）現金等	（時　　価）	（貸）対象会社株式	現金対価部分簿価
		（貸）譲渡損益	（差　　額）
（借）買収会社株式	対象会社株式の株式対価部分の簿価（右記）	（貸）対象会社株式	株式対価部分簿価

　上記①の計算式と同様に考えると，有価証券の譲渡損益は，譲渡対価から譲渡原価を差し引いた額です。株式交付における譲渡対価は，対象会社株式の簿価に株式交付割合を乗じ，当該額に現金等を加算した額です。株式交付割合は，買収会社株式の時価を，買収会社株式の時価に現金等を加算した額で除したものです。例として株式交付子会社株式の簿価を1,000，対価総額を1,200（買収会社株式の時価960，現金対価240）と仮定すると，株式交付割合は，960／（960＋240）で80％であり，対価総額の80％以上が買収会社株式であるため，株式交付の譲渡損益課税の繰延べ措置が適用されます。譲渡対価は，1,000×80％＋240＝1,040です。よって，譲渡損益は，1,040－1,000＝40で，この部分は譲渡益課税となります。

（借）現金等	240	（貸）対象会社株式	200
			（現金対価部分）
		譲渡益	40
			（差額，益金課税）
（借）買収会社株式	800	（貸）対象会社株式	800
			（株式対価部分）

　混合対価の場合，買収会社（株式交付親会社）株式が対価総額の80％以上か否かの判定における，買収会社（株式交付親会社）株式の評価時点については，効力発生日でなく，株式交付における算定基準日の株価を基礎として合理的な方法により算定される価額となります。ただし，譲渡損益の計算上は，効力発生日の時価を用います。

(3)　買収会社（株式交付親会社）の課税関係

　買収会社（株式交付親会社）において，対象会社（株式交付子会社）の取得価額は，対象会社株式を売却する株主が50人未満か，50人以上かで取扱いが異なります。

　株式交付により，対象会社株式を売却する株主が50人未満の場合，対象会社株式の取得価額は取得した対象会社株式の取得直前の簿価となり，増加する資本金等の額は対象会社株式の取得価額となります（措置法施行令39の10の3④一イ，三）。また，対象会社株式を売却する株主が50人以上の場合，対象会社株式の取得価額は直前期末の簿価純資産価額となり，増加する資本金等の額は対象会社株式の取得価額となります（措置法施行令39の10の3④一ロ，三）。

(4)　対象会社の課税関係

　対象会社において課税関係は生じません。この課税関係が生じない点は重要です。つまり，組織再編税制における適格要件などは規定されず，対象会社において，非適格株式交換のような時価評価課税などの課税関係は生じません。

(5)　株式交付制度の三角株式対価 M&A における適用可否

　株式交付制度は，買収会社（株式交付親会社）が対象会社（株式交付子会社）の株主に交付する対価を，当該買収会社の株式ではなく，買収会社の親会社の株式とするいわゆる三角株式対価 M&A には利用できません。

【株式対価M&A（子会社化の場合）の比較】

項目	株式交付	株式交換	現物出資
買収会社	株式会社	株式会社，合同会社	株式会社，持分会社
対象会社	株式会社 （外国会社は不可）	株式会社 （外国会社は不可）	制限なし
対価の種類	自社株式，金銭等 （金銭等のみは不可）	自社株式，金銭等 （金銭等のみも可）	自社株式
部分取得	可能（子会社化しない部分取得は不可）	不可（全部取得のみ）	可能
子会社株式の追加取得の可否	不可	可能（完全支配関係の構築）	可能
現物出資規制（検査役調査，不足額填補責任），有利発行規制の有無	なし	なし	あり
対象会社の株主の課税関係	・対価の80％以上が自社株式の場合，課税の繰延べ（※） ・上記以外は，課税	・金銭等不交付株式交換の場合，課税の繰延べ ・上記以外は，課税	・適格現物出資の場合，課税の繰延べ ・上記以外は，課税
買収会社の課税関係（取得価額，増加資本金等の額）	帳簿価額または簿価純資産価額	・適格株式交換等の場合，帳簿価額または簿価純資産価額 ・上記以外は，時価	・適格現物出資の場合，現物出資直前の帳簿価額 ・上記以外は，時価
対象会社の課税関係（時価評価課税の有無）	なし	・適格株式交換等の場合，なし ・上記以外は，あり	なし
認定手続	なし	なし	なし

（※）　金銭等の交付がある場合，株式交付親会社の株式に対応する部分を繰り延べる。また，対象会社株主が非居住者及び外国法人の場合，PEにおいて管理する株式に対応して買収会社の株式交付を受けた部分に限り課税の繰延べの適用がある。

Q4 -4 | 法人税確定申告書の添付書類

株式交付に係る法人税確定申告書の添付書類について教えてください。

（ポイント）

　株式交付親会社において，株式交付を実施した事業年度の法人税確定申告書に株式交付計画書及び組織再編成に係る主要な事項の明細書の添付が必要となる。

　株式交付を実施した場合には株式交付を実施した事業年度において，株式交付親会社の法人税確定申告書に，株式交付計画書及び組織再編成に係る主要な事項の明細書の添付が必要となります。この主要事項明細書に，株式交付により交付した資産の数または価額の算定の根拠を明らかにする事項を記載した書類を添付する必要があります。

Q4 -5 | 税務上の届出

株式交付に係る税務上の届出について教えてください。

（ポイント）

　　株式交付親会社において，資本金が増加した場合には，遅滞なく，異動届出（法人税・地方税）の提出が必要となる。

A　株式交付を実施した結果，株式交付親会社の資本金の額が増加した場合には，遅滞なく，異動届出（法人税・地方税）の提出が必要となります。なお，株式交付子会社においては，株主が変更するだけであり，届出の提出は必要ありません。

Q4 -6 株式交付後の減資手続き

減資手続きを行うことによる均等割への影響について教えてください。

ポイント

- ●株式交付により，会計上の資本金・資本準備金，税務上の資本金等の額がそれぞれ増加する。
- ●地方税の均等割は，会計上の資本金＋資本準備金と税務上の資本金等の額のいずれか大きい金額を基準として，税額が算定される。
- ●株式交付を実施した結果，会計上の資本金＋資本準備金＞税務上の資本金等の額となっている場合，無償減資を行うことで，会計上の資本金・資本準備金をその他資本剰余金へ振り替え，会計上の資本金＋資本準備金＜税務上の資本金等の額とすることで，税務上の資本金等の額により，均等割の税率区分の判定を行うことが可能となる。

株式交付の実施時に，株式を追加発行した場合，会計上，資本金・資本準備金が増加（株式交付の取得の対価に相当する金額）し，税務上，株式交付子会社株式を売却する株主が50人未満で，既存株主の税務上の帳簿価額で引き継いだ場合，会計上の資本金＋資本準備金＞税務上の資本金等の額に該当し，結果として，均等割の負担が高額になってしまうケースがあります。会計上の取得の対価の算定方法，増加する払込資本の金額は**Q4−2**，税務上の増加する資本金等の額は**Q4−3**をご参照ください。

このような場合，債権者保護手続き及び株主総会特別決議を経て，無償減資を実施することにより，資本金・資本準備金をその他資本剰余金へ振り替え，会計上の資本金＋資本準備金＜税務上の資本金等の額とすることで，税務上の資本金等の額により，均等割の税率区分の判定を行うことが可能となります。

〈編著者〉

税理士法人　山田&パートナーズ

編著者紹介参照。

〈**執筆者**〉（五十音順）

太田　　毅

門田　英紀　（公認会計士）

熊谷　仁志　（公認会計士）

齋木　　航　（公認会計士）

原田　　洋　（税理士）

東上　晃之　（税理士）

福井　貴久　（税理士）

〈編著者紹介〉

税理士法人　山田＆パートナーズ

〈業務概要〉

　法人対応，資産税対応で幅広いコンサルティングメニューを揃え，大型・複雑案件に多くの実績がある。法人対応では企業経営・財務戦略の提案に限らず，M&A や企業組織再編アドバイザリーに強みを発揮する。

　また，個人の相続や事業承継対応も主軸業務の一つ，相続申告やその関連業務など一手に請け負う。このほか医療機関向けコンサルティング，国際税務コンサルティング，公益法人設立コンサルティング等の業務にも専担部署が対応する。

〈所在地〉

【東京事務所】	〒100-0005	東京都千代田区丸の内1-8-1
		丸の内トラストタワーN館8階（受付9階）
		電話：03（6212）1660
【札幌事務所】	〒060-0001	北海道札幌市中央区北一条西4-2-2　札幌ノースプラザ8階
【盛岡事務所】	〒020-0045	岩手県盛岡市盛岡駅西通2-9-1　マリオス19階
【仙台事務所】	〒980-0021	宮城県仙台市青葉区中央1-2-3　仙台マークワン11階
【北関東事務所】	〒330-0854	埼玉県さいたま市大宮区桜木町1-7-5　ソニックシティビル15階
【横浜事務所】	〒220-0004	神奈川県横浜市西区北幸1-4-1　横浜天理ビル4階
【新潟事務所】	〒951-8068	新潟県新潟市中央区上大川前通七番町1230-7　ストークビル鏡橋10階
【金沢事務所】	〒920-0856	石川県金沢市昭和町16-1　ヴィサージュ9階
【静岡事務所】	〒420-0853	静岡県静岡市葵区追手町1-6　日本生命静岡ビル5階
【名古屋事務所】	〒450-6641	愛知県名古屋市中村区名駅1-1-3　JR ゲートタワー41階
【京都事務所】	〒600-8009	京都府京都市下京区四条通室町東入函谷鉾町101番地
		アーバンネット四条烏丸ビル5階
【大阪事務所】	〒541-0044	大阪府大阪市中央区伏見町4-1-1
		明治安田生命大阪御堂筋ビル12階
【神戸事務所】	〒650-0001	兵庫県神戸市中央区加納町4-2-1　神戸三宮阪急ビル14階
【広島事務所】	〒732-0057	広島県広島市東区二葉の里3-5-7　GRANODE 広島6階
【高松事務所】	〒760-0017	香川県高松市番町1-6-1　高松 NK ビル14階
【松山事務所】	〒790-0005	愛媛県松山市花園町3-21　朝日生命松山南堀端ビル6階
【福岡事務所】	〒812-0011	福岡県福岡市博多区博多駅前1-13-1　九勧承天寺通りビル5階
【南九州事務所】	〒860-0047	熊本県熊本市西区春日3-15-60　JR 熊本白川ビル5階

〈海外拠点〉

シンガポール共和国（山田＆パートナーズシンガポール株式会社）
中華人民共和国（山田＆パートナーズコンサルティング（上海）有限公司）
ベトナム社会主義共和国（山田＆パートナーズベトナム有限会社）
アメリカ合衆国（山田＆パートナーズ USA 株式会社）

初めてでも分かる・使える

株式交換・株式移転・株式交付の実務ハンドブック

2013年10月20日	第1版第1刷発行
2015年7月25日	第1版第2刷発行
2017年9月1日	第2版第1刷発行
2021年1月20日	第2版第6刷発行
2021年10月1日	改訂改題第1刷発行
2024年11月10日	改訂改題第7刷発行

編著者　税 理 士 法 人
　　　　山田＆パートナーズ

発行者　山 本 　 継

発行所　㈱中央経済社

発売元　㈱中央経済グループ
　　　　パブリッシング

〒101-0051　東京都千代田区神田神保町1-35
電話 03 (3293) 3371 (編集代表)
　　 03 (3293) 3381 (営業代表)
https://www.chuokeizai.co.jp
印刷／文唱堂印刷㈱
製本／有井上製本所

© 2021
Printed in Japan

●おすすめします●

病医院の
相続・M&A・解散の税務Q&A

税理士法人　山田&パートナーズ　編

医療機関の承継問題を救う1冊。「法人」「個人」それぞれの
立場に応じた親族内承継の論点、「譲渡側」「譲受側」どちら
にも役立つM&A手続を丁寧に解説。

【本書の構成】

第1章　相続・医業承継の全体像

第2章　相続税の計算の仕組み

第3章　個人病医院の親族内承継

第4章　医療法人の親族内承継

第5章　第三者間の医業承継（M&A）

第6章　廃業・解散の手続き

●中央経済社●